ALESSIO SORRENTINO
RISPARMIO CON GUADAGNO

Introduzione
Necessità vere e false
Internet
Fattore tempo
Cosa non fare
Acquistare online
Guadagnare
Alimentazione e abbigliamento
La casa (acquisto)
Consigli pratici
Siti utili
Decrescita felice
Conclusioni

Ed.2

Introduzione

La crisi economica è più grande di quanto possiate credere. Per capire quanto siamo messi male, è sufficiente pensare al tenore di vita medio dei nostri genitori. Mi chiamo Alessio e sono cresciuto in una famiglia normale, una famiglia a cui non è mai mancato nulla. Parlo di quel tenore di vita che in questo momento sembra essere tanto lontano, soprattutto per il trentenne *bamboccione*. Un tenore di vita non da ricca famiglia con piscina e case in ogni parte del mondo, ma da semplice famiglia in grado di soddisfare ampiamente le necessità quotidiane, come andare in vacanza un mese l'anno e di tutti quei piccoli desideri, che rendono la nostra vita più divertente. Ero il terzo di tre fratelli, La mia famiglia viveva con un solo stipendio. Mio padre inizia a lavorare come operaio, grazie ad un discreto impegno e sacrificio, nel corso degli anni è riuscito a fare carriera fino a raggiungere il livello di dirigente. E' sempre stato un modello da seguire per me. Mi sono sempre detto che avrei fatto meglio di lui, mi sarei impegnato ancora di più sul lavoro per ottenere promozioni, in modo tale, da dare alla mia famiglia un tenore di vita migliore. Inutile dire che tutto questo è rimasto un miraggio. Lavoro per un'azienda privata con un contratto a tempo indeterminato da più di dieci anni, il mio stipendio è pressoché lo stesso, anzi. Pensare a mio padre che ogni tanto tornava a casa con una promozione o un aumento, mi da un senso di frustrazione e, mi rendo conto che non è che siamo noi a non essere all'altezza dei nostri genitori ma i governi e la situazione economica mondiale, ad aver ridotto di almeno un terzo, il nostro potere economico, nonché la mobilità del lavoro. Insomma, almeno per ora, addio casa al mare.

Ho una moglie e due figli piccoli, mia moglie non lavora per problemi di salute (non percepiamo indennità), il mio stipendio arriva a 1500 euro al mese incluso i 300 euro di assegni familiari, le detrazioni fiscali e qualche ora di straordinario. Abbiamo un mutuo di 500 euro al mese. Non voglio piangermi addosso, non voglio fare la parte dell'intervistato in un programma di *Michele Santoro* dove un operaio col mio stesso stipendio se non migliore, si lamenta del non riuscire ad arrivare alla fine del mese, tutt'altro. Questa breve ma concreta guida, vi aiuterà a realizzare tutto quello che desiderate fare, ovviamente senza esagerare (mi dispiace ma niente *Porsche*). Diffidate di tutta quella letteratura in cui vi si propongono guadagni facili in poco tempo e senza rischio. Non esistono guadagni facili, anche chi ha inventato facebook ha avuto (e ha) le sue grandi difficoltà. Esistono diverse equazioni che regolano il potere d'acquisto ed il capitale privato. Tutte quante hanno come elementi il vostro tempo libero e il rischio. Più rischiate, più potete guadagnare, più dedicate tempo ad un qualcosa, più quella cosa diventa importante. Con questo testo potrete risparmiare molti soldi e soddisfare molti dei desideri che vi sono preclusi. Si tratta di un testo indirizzato a tutta la generazione dei 1000 euro. In questi anni, da quando mi sono sposato, ho dedicato molto tempo a capire come poter vivere bene senza dover rinunciare a nulla. Io e la mia famiglia quest'anno siamo stati una settimana nel mar rosso e due a Sperlonga. Ho un tablet, un cellulare dual core, un PC con 8 processori, i miei figli fanno attività extra scolastiche, andiamo spesso a cena fuori, ho visto tutti i film che volevo al cinema, ho una bella macchina con bluetooth e sensori di parcheggio... insomma, con mille euro al mese non ci facciamo mancare niente. In questa guida non vi dirò come diventare ricchi, e supponendo anche solo per un istante che esista un metodo scientifico (legale) per diventare ricchi, pensate che lo venga a dire a voi? Pensate che qualcuno ve lo direbbe mai? Io non lo direi neanche a mio fratello. Vi dirò tuttavia, come risparmiare, come guadagnare qualcosa in più, cosa non fare, e soprattutto come sfruttare il mercato per avere le cose migliori ai prezzi più bassi.

Necessità vere e false

Ho scritto questo testo pensando spesso ad un mio amico delle scuole medie. Alessandro il suo nome. Figlio di un ufficiale della marina, non è mai stato un ragazzo viziato, né esigente, tuttavia come tutti noi aveva dei desideri. Per questo motivo un giorno si sveglia e vuole una tastiera *Korg*. In quegli anni la musica elettronica aveva raggiunto le nostre case con strumenti di ottima qualità a prezzi accessibili. Fare musica era più facile, bastava avere una di queste tastiere dotate di mille funzioni e suoni, basi, effetti, con un solo tasto si poteva realizzare di tutto. Era effettivamente il sogno di molti di noi. Tuttavia, se con poche decine di migliaia di lire potevi acquistare un prodotto mediocre, con un milioncino potevi avere il plus ultra della *Korg*. Alessandro era ostinato ,voleva quella. La spesa non era indifferente, il padre quindi, un giorno acquista il mitico prodotto. Ancora imballata nella sua stanza,la scarta con tutti noi suoi amici presenti. L'atmosfera è elettrica. finalmente Alessandro ha la sua tastiera professionale. Attaccata la spina,l'apparecchio si acccende di mille luci. Alessandro è pronto per farla funzionare. Digita quindi in modo maldestro la prima dozzina di note di *smoke on the water* dei *Deep Purple*, poi, si gira verso di noi e dice: "Ok, andiamo a giocare a pallone". A questo punto prende la tastiera e la mette sopra un ripiano di una libreria e lì vi rimane per anni e anni, senza mai essere più usata. Ho raccontato questo aneddoto per farvi capire una cosa tanto elementare quanto fondamentale. Se non avete problemi di denaro, toglietevi pure tutti gli sfizi che desiderate, ma se dovete centellinare ogni euro che esce dal vostro conto corrente, dovrete fare attenzione a cosa acquistate. La domanda da porvi è questa: "mi serve davvero?" sembra banale, ma io stesso ho la casa piena di cianfrusaglie che non uso, anzi, sono oggetti che occupano spazio e sarebbe meglio non averli. Attenzione, perché noi viviamo in una società consumistica, ed è inutile dirlo, ma ci piace acquistare, ci piace avere nuovi gingilli tra le mani. Tuttavia non vorrei che faceste la fine di Alessandro (o meglio del padre). Ponderate bene la scelta dei vostri acquisti. Ragionate. Riflettete. Troppo spesso agiamo d'istinto. Troppe persone che si lamentano di non avere un euro, sono passate dall'Iphone all'Iphone2 all'Iphone3 all'Iphone4 ecc. Quanta differenza passa tra un apparecchio e l'altro? Avete davvero bisogno del GPS sul cellulare? Pensate davvero che sia uno status symbol? Anche quando lo possiede mezzo pianeta? E se davvero avete bisogno di tutte le applicazioni e funzioni di un apparecchio che costa come mezzo stipendio se non di più, allora più avanti vi dirò come fare per pagarlo meno di un terzo.

Internet

E' Fondamentale, oggi come da una decina di anni, conoscere sufficientemente internet e le sue potenzialità. Se non conoscete alcuni meccanismi non potrete fare alcune delle cose di cui vi parlerò.

Qualche giorno fa parlavo con un mio vecchio amico d'infanzia titolare di un'agenzia di viaggi. Gli ho chiesto l'indirizzo web del suo sito e lui mi ha risposto che non ne aveva uno. Sono rimasto sorpreso. Un'agenzia di viaggi senza sito web rinuncia ad una buona percentuale di vendite. Mi dice che non ha confidenza con internet, che non gli da fiducia, che non ne capisce bene il funzionamento lato vendite e acquisti. Personalmente utilizzo internet per qualsiasi cosa. Dall'informazione all'acquisto di beni, qualsiasi cosa di cui ho bisogno la cerco in internet. Internet è immenso. Non sono internet dipendente, non uso chat e non passo il mio tempo a litigare su qualche forum. Così come per il PC, internet è un fantastico strumento in grado di servire a qualsiasi lavoro. Volete costruirvi una casa da soli? Su *Youtube* troverete delle guide su come farvi un basamento in cemento e su come allacciarvi alla rete fognaria. La maggior parte delle persone utilizza internet solo per l'intrattenimento. *Youtube* è utilizzato solamente per vedere l'ennesimo gatto che cammina con due zampe, o il frammento di capezzolo che s'intravede nel patetico balletto della velina del momento. Il grosso degli utenti ignora i fantastici seminari sulla *controinformazione,* nonché i consigli su come fare delle cose pratiche. Internet non è solo una forma d'intrattenimento, ma uno strumento multifunzione. L'intrattenimento ne è solamente una piccola parte. Devo sottolineare questo perché se volete risparmiare guadagnando, non potrete fare a meno di internet. D'altra parte se avete acquistato questa guida, significa che siete quantomeno sulla buona strada. Non sono infatti sicuro che trovereste un testo del genere in una libreria fisica. Vediamo quindi di creare delucidazioni, sciogliere dubbi, e togliere paure, sull'utilità di questo meraviglioso strumento.

<u>Su internet mi spiano</u>

La paranoia da intercettazioni telefoniche e da diritto alla privacy colpisce un po' tutti. Molti di noi hanno paura a iscriversi a qualsiasi sito, per terrore che i propri dati vengano rivenduti a misteriose società segrete dagli intenti malvagi. Che i nostri dati girino su internet e vengano scambiati o venduti è una certezza. Che questo meccanismo sia in qualche modo dannoso è difficile. Salvo che non nascondiate sui vostri PC i documenti segreti sul caso *Gladio* o l'omicidio *Kennedy*, rubarvi la vostra data di nascita o il codice fiscale non sarà un danno. Non so se ve ne siete accorti, ma da qualche anno la pubblicità che appare sulle pagine web che aprite, riguarda degli argomenti di vostro interesse. Se siete appassionati di automobili da corsa, andando su *Youtube* a vedere un video qualsiasi, magari un video musicale, noterete che a lato, i banner pubblicitari riguardano un autosalone o un videogame sulle auto da corsa. Non sarà strano cliccarci sopra, è di vostro interesse. Gli ultimi algoritmi pubblicitari, inventati da abili programmatori, identificano i cookie (file di dati) presenti nei nostri PC nella cronologia dei siti visti, e li rapportano al database delle pubblicità messo a disposizione all'interno di *Google*. Se nel cookie c'è scritto che avete visitato il sito *www.autodacorsa.it* e subito dopo *www.autoveloci.net* allora il programma di afflizioni pubblicitarie sceglierà di mostrare nello spazio predisposto, dei banner relativi a questi due siti, magari appunto un sito che vende auto sportive. Un mio amico si lamentava che gli comparivano sempre banner pubblicitari di donne in cerca di uomini passionali. Mettendolo in imbarazzo di fronte la famiglia. "Perché mi compaio questi banner?" Mi dice lui, "chissà perché" rispondo io. Come vedete, che vi piaccia o meno, i vostri dati già hanno fatto il giro del mondo molte volte. Anche se *Google* o *Facebook* lo negano, sono sicuro che la cronologia dei siti visitati dal vostro PC è rivenduta alle multinazionali per le loro ricerche. D'altra parte, se il valore di ogni utente iscritto a *Facebook* è stato valutato cento dollari, un motivo ci sarà. Tutto questo però non mi preoccupa, e non deve preoccupare neanche voi. Un mio amico programmatore e spendaccione ha dichiarato: "ottimo, così quando devo comprare qualcosa non devo cercare molto, sarà il prodotto a trovare me". Ricordatevi che siamo in una società consumistica.

L'informazione è caotica

È vero. Se volete cercare di capire una volta per tutte se la carne fa male o meno, non riuscirete a trovare un solo coro comune. D'altra parte il caos informativo è una forza. Siamo, infatti, abituati a subire l'informazione, soprattutto dalla televisione che opera una censura mediatica, che ci fa arrivare solo una piccola parte delle notizie importanti che accadono in Italia e nel mondo. Grazie ad internet, possiamo approfondire ogni argomento che ci interessa. Leggendo articoli e testi, guardando video e analizzando statistiche, solo così possiamo scegliere da noi se la carne fa male oppure no. Senza che ci sia qualcuno che lo sceglie al posto nostro. La libertà d'informazione ha quindi più facce, un dato può essere fornito mettendo in mostra alcuni aspetti piuttosto che altri, sottolineando delle statistiche e tralasciandone altre. Dobbiamo essere noi a tirare le conclusioni, ricordandoci che ad avere ragione non è chi urla più forte in una piazza, ma chi ci sussurra nell'orecchio. Su internet attualmente ci sono circa 50 miliardi di pagine, direi che potete dire addio alla vostra vecchia ed ingombrante enciclopedia. Come accennato in precedenza, nessuno vi dirà mai come guadagnare un mucchio di soldi senza fare niente, ma se un metodo esiste, allora lo dovrete dedurre leggendo tra le righe. Non tutta l'informazione è presente in internet. Nessuno vi darà mai i numeri del superenalotto, o meglio, ve li darà, sotto lauto pagamento, ma ovviamente non saranno quelli giusti. Non aspettatevi di trovare la soluzione ad ogni male o il segreto della pietra filosofale. Chi vuole vendervi tali segreti, è un truffatore. Esplorando internet vi imbatterete in qualsiasi cosa, mantenete i piedi a terra e non fatevi illusioni. Ricordatevi di non prendere ogni cosa come vera, ma di analizzare e comparare tutto quello che capita sotto i vostri occhi.

Io queste cose tecnologiche...

... proprio non le capisco. È la classica frase di chi vuole rimanere tagliato fuori dal mondo. Tante cose si fanno con superficialità, altre sono sottovalutate, altre ancora sono ignorate. Oggettivamente ci sono cose che possono essere ignorate senza che la vostra vita ne risenta. Se non siete esperti di calcio, se parlando con un vostro amico vi accorgete che non siete aggiornati sugli ultimi movimenti del calcio mercato, non preoccupatevi, continuerete a vivere come sempre (anzi meglio). Se parlando sempre col vostro amico, vi accorgete che lui non ha pagato l'IMU perché non sapeva di doverlo fare, allora per lui sono guai. Ci sono poi delle informazioni che non sapete se appartengono alla categoria informazioni fondamentali, oppure alla categoria non fondamentali. Spesso internet e tutto il mondo tecnologico che c'è dietro, è inserito nella categoria non fondamentali. Grave errore. Indipendentemente dal poter fare un buon acquisto e risparmiare tempo e denaro, sempre più servizi, anche pubblici, sono disponibili in rete. Attualmente molte cose si trovano sia negli uffici pubblici, sia online. Ad esempio, recentemente ho cambiato medico di famiglia, ma non l'ho fatto attraverso una fila di un caotico ufficio della USL, l'ho fatto online, con pochi click. Più avanti negli anni, potrebbero scomparire addirittura alcuni servizi, per rimanere accessibili solo via web. Soprattutto l'amministrazione pubblica, ha tutto l'interesse nel tagliare i costi e velocizzare le operazioni. Le banche lo hanno già fatto da tempo, ci sono addirittura molti sportelli ATM che permettono di versare assegni, denaro, pagare bollette e ritirare migliaia di euro in una sola giornata. Le file nei loro uffici si sono dimezzate nel giro di pochi mesi. Possiamo rinunciare a tecnologie multimediali o comunque d'intrattenimento. Se non acquistate un *e-book reader* (lettore di libri digitali), potrete comunque continuare a leggere, non credo che per i prossimi 100 anni si rinuncerà alla carta stampata. Potete anche tenervi un vostro caro vecchio televisore con tubo catodico, se non siete fanatici dell'alta definizione, e se non avete problemi di spazio, ma soprattutto se funziona ancora, non c'è niente di male nel tenerlo nella vostra casa. Tuttavia ripeto, che molte tecnologie devono essere utilizzate e sfruttate, perché indispensabili. Tempo e denaro corrono parallelamente allo sviluppo tecnologico sostenibile. Se pensate di non avere l'età giusta per imparare ad usare un PC, dovete cambiare la vostra mentalità. Impegnatevi, costringetevi a sedervi davanti quel

PC acceso solamente per vedere qualche foto e qualche filmato. Esplorate la rete. Andate sui siti delle amministrazioni pubbliche.

Quest'anno il calcolo dell'IMU e il versamento l'ho fatto da solo, ho risparmiato qualche euro che avrei dovuto dare a qualcuno per farlo al posto mio. Non è stato difficile, internet ha molti siti che calcolano la quota da versare e spiegano come compilare il modulo F24. Potreste scoprire di aver diritto a degli arretrati dell'INPS, potreste scoprire di avere delle agevolazioni fiscali. Molte notizie amministrative non vengono dette dai mass media tradizionali, perché non conviene alle amministrazioni pubblicizzare un servizio gratuito che sono state obbligate a fare. Internet non è solamente un giocattolo dove poter trovare buffi filmati e videogiochi. Toglietevi questa sciocca idea dalla mente. Questo è quello che vogliono farvi credere. Internet e le tecnologie della rete, devono far parte della vostra vita, così come lo sono l'automobile e il telefono.

Fattore tempo

Avete due tipi di capitale, il primo è quello economico, quello indicato da un numero (spesso piccolo) nel vostro conto corrente bancario, il secondo è il tempo e questo è il più importante. Gestire il tempo non è facile. Spesso ci si guarda alle spalle e ci si rende conto che è passato tanto tempo e non siete riusciti a fare quelle cose che vi eravate proposti. Tante cose sono rimandate al giorno dopo e poi alla settimana dopo e poi finite col dimenticarvene per poi ricordarvele solo dopo anni e solo con un rimpianto. Questo perché se il denaro solitamente è gestito con razionalità, il tempo è gestito con l'istinto. Purtroppo però l'istinto vi porta a bruciare quel tempo senza però riscaldarvi. Quante ore passate davanti la tv a fare zapping? Si lo so, vi piace e vi rilassa, ma non sarebbe comunque meglio darvi dei limiti di tempo? Il tempo va organizzato. Ci sono cose che vi fanno perdere tempo, è come se acquistasse un pacchetto di tic tac senza le tic tac dentro, che le comprate a fare?. *Sarete più ricchi, quanto più tempo riuscirete a risparmiare*. Le ho provate tutte per cercare di guadagnare dei soldi risparmiando tempo. Molte cose buone le ho concretizzate, tante altre le ho cestinate. Prima di dirvi cosa fare per guadagnare tempo e denaro, vi dirò cosa non fare per perdere tempo e denaro. Attenzione quindi, se già sapete di non avere tempo, buttate questo libro. Attenzione due, e questo lo dico per tranquillizzarvi, per risparmiare o guadagnare qualche centinaio di euro ogni mese, non dovrete lavorare altre 8 ore al giorno oltre quelle che già avete lavorato, neanche 4 o 2, potrei stimare questo tempo in una mezz'oretta. Credo sia un ottimo compromesso per avere un tenore di vita come si deve. Molte delle cose elencate vi sembreranno delle banalità, il più delle volte sono quelle cose che si conoscono ma non si fanno per una questione di superficialità. Guadagnare tempo e denaro è come mettere nel salvadanaio un euro al giorno, alla fine dell'anno con quei soldi potete pagarvici l'assicurazione della macchina. Di certo se il salvadanaio lo aprite dopo una settimana, non ci pagate neanche quattro litri di benzina. Non sottovalutate i dettagli della vostra vita, piccoli accorgimenti la possono completamente rivoluzionare. Iniziamo quindi ad elencare cosa non dovete fare.

Cosa non fare

<u>Pulire casa tutti i giorni</u>

Ho una vicina di casa che passa l'aspirapolvere anche in balcone. Due, tre volte al giorno, sempre questo dannato aspirapolvere. Considerando che non viviamo vicino un cementificio, non capisco quanta polvere ci possa essere una normale casa di 80/90 mq. Non voglio farvi vivere in un porcile, ma la pulizia ossessiva che affligge molte persone andrebbe rivista. Se i vostri pavimenti non luccicano, non fatevene un problema, se trovate della polvere sul comodino, pulite solo il comodino e non tutta casa. Non posso dirvi quanto tempo dovete dedicare alle pulizie, posso dirvi di non farlo meccanicamente con scadenza giornaliera, fatelo quando serve. Fatele quando vedete che c'è davvero qualcosa da pulire.

<u>Pagare le bollette</u>

Fate ancora la fila alla posta? Spero proprio di no. Ho solo un vago ricordo di quando attendevo per decine di minuti se non ore il momento del mio turno per pagare il condominio o la bolletta del mese. Tra telefono, luce, acqua, gas, condominio, scuola, bollo auto ecc. Dovrete fare dozzine di pagamenti e con relativa fila. Da qualche anno ormai, tutte le banche vi danno la possibilità di fare un addebito automatico dell'utenza sul vostro conto corrente. Se ancora non lo avete, chiamate la vostra banca e fatevi abilitare l'accesso al vostro conto in internet. Se la vostra banca per qualche strano motivo non vi permette né di abilitarvi addebiti automatici, né di poter pagare le bollette online, allora andate sul sito delle poste italiane e createvi un account. È molto semplice, vi basterà seguire le istruzioni. In questo modo, non dovrete più fare file per nessun motivo, tutto può essere pagato via internet. Aggiungo che se la vostra banca non vi fa pagare bollettini, mav, multe ecc. online, non è una buona banca, cambiatela.

Gratta e vinci

Scordatevi i gratta e vinci, le lotterie e i vari superenalotto. Perdete tempo e denaro. Si lo so, un amico del cugino di un collega dell'amica di vostro fratello una volta ha vinto 500 euro. Tuttavia, sia voi che vostro fratello che la sua amica che il suo collega nonché suo cugino, 500 euro li avete persi. Oltretutto 500 euro non vi cambiano la vita. La possibilità di vincere al superenalotto è talmente remota che supera ogni dato statistico, su milioni di schedine giocate solo una è quella vincente, e non è la vostra. Per quello che ne so io, le grandi vincite possono anche essere truccate. Una volta mio padre ha vinto un motorino dal valore di un paio di milioni di lire, mangiando un gelato. A memoria non ricordo nessun altro che abbia mai vinto nulla di più. Siamo parlando di un problema statistico. Se volete proprio giocare, quantomeno fissatevi una cifra come budget mensile. Una cifra bassa, al massimo una decina di euro, giusto perché l'attesa dei numeri vincenti come meccanismo psicologico può essere divertente.

Tendenzialmente si guarda alle proprie vincite ma non alle proprie perdite. Un mio collega spende centinaio di euro ogni mese, di tanto in tanto mi dice di aver vinto 50 euro, quello che non mi dice è quanti ne ha spesi per vincere quei 50. Per carità, a qualcuno andrà anche bene, ma alla maggior parte di noi no. D'altra parte la *Sisal* e la *Lottomatica,* sono società ricchissime, la Lottomatica ha un patrimonio di 1.73 miliardi di euro, la sisal preferisco non saperlo. Di chi pensate siano questi soldi? Chi glieli ha dati se non il mio collega?

Poker online

So che siete degli abilissimi giocatori di poker, e forse avete anche vinto qualche torneo. Non fatelo online. Ho raccolto varie testimonianze e sono piuttosto convinto del fatto che molti dei tavoli siano truccati. Ci sono giocatori di poker professionisti che hanno messo da parte grandi quantità di denaro. Se avete un talento e la giusta esperienza, che ben venga il fare i giocatori di professione o semplicemente per arrotondare, ma non fatelo online.

Forex e opzioni binarie

Quante volte vi è capitato di navigare in internet e di imbattervi in dei banner pubblicitari dove un ragazzo qualunque, con un grande sorriso stampato sul volto, annunciava di aver guadagnare 2740 euro in una settimana? A me spesso, e ci ho anche cliccato, e mi sono anche iscritto ad alcuni siti. Solo che non li ho guadagnati i 2740 euro. Il mondo in cui viviamo è perfettamente bilanciato, la natura è perfetta per definizione, e col *Forex* si possono realmente guadagnare 3000 euro in una settimana, solo che li si possono anche perdere. Alto rischio, alto guadagno. Tutte le forme d'investimento economico hanno questo tipo di formula, se vuoi un guadagno sicuro, allora sarà molto basso. Se vuoi guadagnare molto, allora dovrai rischiare molto. Il *Forex* è il mercato della moneta, vendete e acquistate denaro. È un po' come se doveste partire per un viaggio negli Stati Uniti con un vostro amico e decidete di cambiare 100 euro in dollari, al cambio vi daranno 130 dollari poiché un euro vale 1,3 dollari. Passato un mese, il dollaro ha perso punti sull'euro, quindi un euro non vale più 1,3 dollari ma 1,4. I vostri 130 dollari quindi valgono di meno e al cambio vi daranno meno di 100 euro, diciamo 95, avete quindi perso cinque euro. Questo gioco del cambio avviene anche nel mercato del *Forex*. I cambi di valute sono fatti con decine di migliaia di euro scambiati continuamente nell'arco di pochi minuti o poche ore, tutti possono farlo anche se non hanno realmente tutti questi soldi, possono farlo per via di un sistema chiamato *leva finanziaria*. In pratica in pochi minuti potete perdere o guadagnare centinaia di euro. Sconsiglio il *Forex*. Molte persone vivono di *Forex*, ma sono esperti del settore e sanno come muoversi. Conoscono le notizie che possono cambiare l'andamento della moneta, sanno analizzare i grafici, lavorano comunque molte ore al giorno e ogni tanto qualcuno di loro si toglie la vita perché perde tutto quello che ha guadagnato. Se decideste di prendere questa strada, dovrete studiare e fare molta esperienza. Come al solito ogni cosa è equilibrata. Chiunque può correre nei cento metri, è facile, basta muovere le gambe, ma solo dopo anni e anni di duro allenamento potrete competere contro atleti olimpionici. Stesso discorso per il *Forex*. Il suo funzionamento è semplicissimo, ma se non avete fatto la giusta esperienza è meglio che lasciate perdere. Se invece del *Forex* avete sentito parlare di O*opzioni binarie*, sappiate che grosso modo parliamo della stessa cosa. Solo che è ancora più facile da usare, le opzioni binarie sono come lanciare una moneta in aria e aspettare che esca testa o croce. Per quanto mi riguarda potete fare *Forex*, *Opzioni binarie* e tutti i tipi di operazioni finanziarie con la stessa mentalità con cui potete giocare ai gratta e vinci. Stabilite un tetto massimo da investire e non andate oltre. Mi raccomando: autocontrollo.

<u>Lavori non pagati</u>

In questo momento di crisi a guadagnarci sono i più ricchi, tanto per cambiare. Molti laureati finiscono col fare lavori non pagati, con la scusa dello stage o del fare esperienza o del *poi ti pago*. Lasciate stare, andatevene. Tutt'al più, se avete qualche dubbio, lavorate qualche giorno, il tempo che vi basta per chiedere ai vostri nuovi colleghi come funziona. Se anche loro si trovano a lavorare lì magari da un anno, e non hanno visto un euro se non al massimo l'umiliante rimborso spese di 100 euro, allora scappate via. Molte società sfruttano la grande disoccupazione e disperazione delle persone per ottenere forza lavora gratuita. Se la gente la smettesse di lavorare gratis o per pochi euro, allora queste società o fallirebbero, lasciando il mercato alle aziende serie, o inizierebbero a pagare quello che devono. Ho conosciuto molte persone che per anni hanno lavorato gratuitamente anche per note aziende. Ripeto, scappate via. Piuttosto statevene a casa a guardare la tv. Non c'è nessun motivo per il quale io debba lavorare gratuitamente, parole come *esperienza*, *gavetta*, *stage*, *crescita professionale* ecc. devono comunque essere retribuite dignitosamente.

Medicalizzazione

Questo punto è molto delicato, sicuramente troverò le critiche di molti lettori, ma sono sicuro che troverò altrettante famiglie che appoggeranno la mia visione. Viviamo in una società iper medicalizzata, usiamo i farmaci come se fossero caramelle, facciamo visite negli ospedali per ogni sciocchezza, facciamo dei controlli e delle analisi del sangue senza saperne neanche il motivo. Anche in questo caso abbiamo un costo di tempo e di denaro.

La maggior parte delle malattie e dei disturbi vanno via da sole. Vi racconto un aneddoto che è accaduto ad un mio amico. I due figli piccoli, una notte si svegliano ed iniziano a fare a gara a chi vomita di più. Il giorno successivo la stessa cosa, il terzo giorno solo uno dei due continua, così come il quarto. Vomito e diarrea, niente febbre, lievi dolori addominali, acetone. I genitori preoccupati al quinto giorno vanno dal loro naturopata di fiducia, un luminare stimato da tutti. Per soli settanta euro (senza fattura, non sia mai che pagassero qualche tassa...) e quasi cinque minuti di visita, vengono riempiti di pilloline. La diagnosi è misteriosa. Il medico, infatti, non si sbilancia sul tipo di disturbo. Tuttavia, i genitori sono rassicurati, se il luminare ha detto che passerà, allora passerà. E così è stato, esattamente dopo 12 giorni dall'inizio del primo attacco, il piccolino malato guarisce e la smette di vomitare per tutta la casa. Ma facciamo un passo indietro. Se scrivete in internet *"Vomito e diarrea, niente febbre, lievi dolori addominali, acetone, bambini"* compariranno una serie di siti con mamme, papà e soprattutto medici, che spiegano che si tratta di una gastrointerite virale. Disturbo fastidioso che solitamente dura 2-3 giorni (come per il primo bambino) ma che può protrarsi fino ai 12-14 (come per l'altro). Non c'è una cura per questo virus, va sempre via da solo dopo appunto al massimo due settimane. L'unico problema è che in questo periodo, il fanciullo, non digerisce quasi nulla di quello che mangia, per tanto, deve assumere una soluzione reidratante, ovvero una sorta di *gatorade*. Ora, non voglio di certo che non si vada più dal medico, ma molti genitori dovrebbero mettere da parte un po' di apprensione e fare spazio ad un po' di analisi oggettiva dei dati. In questo caso la famiglia ha speso tra medico e medicine, almeno cento euro, quando avrebbe potuto cavarsela con un paio se non 0 (la soluzione reidratante è fatta di acqua, sale e zucchero). Sarebbe bastato fare una ricerca in internet o semplicemente andare dal pediatra della ASL, invece che correre dal "luminare", che in pratica non ha fatto assolutamente nulla. Evitate quindi di riempirvi di farmaci il cui effetto spesso è nullo se non dannoso, oltre che costoso. Personalmente sono a favore dell'omeopatia e della naturopatia, e a sfavore delle cure allopatiche, (vi risparmio i miei motivi altrimenti dovrei scrivere un altro libro), ma anche nel settore della medicina naturale, c'è chi lucra in modo imbarazzante. Pur muovendovi sempre con attenzione, cercate la cura per i mali che vi affliggono prima in internet. Il sistema sanitario tende infatti ad avere dei clienti, da molti anni ormai, se non da sempre, c'è un meccanismo che ti vincola alla cura e non ti lascia più libero. State lontani dagli ospedali.

Aste al ribasso e dintorni

Vi sarà capitato di leggere un banner pubblicitario dove un *Iphone* è venduto a 8.33 euro. Non si tratta di una truffa, *l'Iphone* è stato realmente venduto a quella cifra, così come una TV da 22" è venduta a 22 centesimi o un *iMac* a 22 euro. Qualche anno fa nascevano i primi siti di aste al ribasso. Il funzionamento dell'asta al ribasso è semplice. V'iscrivete al sito e acquistate dei crediti, ad esempio 10 crediti a 20 euro. Cliccate sul prodotto di vostro interesse e fate un'offerta, la vostra offerta potrà essere una qualsiasi cifra, ogni volta che fate un'offerta, perdete un credito. Decidete di puntare all'acquisto di una *Nikon coolpix s8100*, valore di mercato 230 euro. La vostra offerta è di 2,35 euro. A questo punto, se nessun altro ha offerto di meno, e se nessun altro ha offerto la stessa cifra, vi aggiudicate l'oggetto. Ci sono poi delle varianti e opzioni che non vi descrivo, ma il sistema principale è questo. All'apparenza il funzionamento è buono, peccato che sia truccato. Recentemente molti siti di aste al ribasso sono stati chiusi, pare che i vincitori non ricevessero poi il prodotto acquistato. Ho sempre avuto forti dubbi sull'onestà dei gestori di questi siti, nessuno fa niente per niente. In ogni caso, la probabilità di aggiudicarsi un prodotto è molto remota, se foste in una dozzina di persone, avreste una possibilità su 12, ma, poiché i partecipanti sono centinaia, le probabilità diminuiscono drasticamente. Oltretutto si vociferava della presenza di giocatori professionisti, che facevano *range* di offerte molto ampie. Per un prodotto dal valore di 400 euro, offrivano da 0.01 a 100 euro. Bloccando di fatto la possibilità ai giocatori occasionali di aggiudicarsi il prodotto.

Così come per le aste al ribasso, esistono altri siti dove tramite stratagemmi vari, si offre la possibilità di acquistare prodotti a prezzi stracciati. Nessuno di questi siti è affidabile. Come dico sempre, nessuno vi regala niente. Tutti questi si basano sul principio della lotteria, comprate un biglietto e incrociate le dita. A differenza delle lotterie però, essendo tutto digitale, elettronico e quindi facilmente manipolabile, l'affidabilità del sito è dubbia e non verificabile.

<u>Vita prodotti</u>

Tra i motivi che portarono alla grande recessione del 1929, ci fu quello dell'eccessiva produzione di merci. C'era infatti l'idea comune che l'acquisto di merci potesse continuare all'infinito. Ovviamente nessuno dopo aver comprato una lavatrice ne acquista un'altra pochi anni dopo, non senza un motivo. La lavatrice sarà acquistata nel momento in cui iniziamo ad avere problemi. Piccoli e grandi difetti ci portano a sostituirla con un nuovo modello. Quanti cellulari avete acquistato? E per quale motivo lo avete cambiato? Quando i magazzini delle fabbriche si ritrovavano ad avere tonnellate di merci invendute, gli industriali iniziavano a licenziare gli operai, gli stessi operai che avrebbero dovuto acquistare i prodotti che costruivano. Con l'aumento dei disoccupati, aumentò anche la quantità di merci invendute. Si creò un effetto a catena che terminò solamente con l'avvento della seconda guerra mondiale (che paradossalmente rilanciò l'economia). Il sistema economico attuale si mantiene solamente se l'acquisto di merci riesce a proseguire senza intoppi. Oggi stiamo vivendo un qualcosa di molto simile al 1929, i lavoratori sono salvi solo grazie all'aumento delle automazioni in fabbrica (con conseguente riduzione degli addetti nel settore industriale) e all'aumento degli addetti nel settore dei servizi. Non voglio farvi una lezione di sociologia del lavoro (non ne sarei in grado), quello che voglio dirvi è che da quando gli industriali hanno capito che se vogliono continuare a produrre, devono prima continuare a vendere, è stato aggiunto un piccolo dettaglio nelle caratteristiche di qualsiasi prodotto. Sto parlando della *vita* di una merce. Quante volte avete sentito dire la frase: "le cose di una volta duravano di più"? non è un semplice modo di dire, ma la pura realtà. Sarebbe infatti ridicolo se un oggetto che prima durava 20 anni e ora ne dura 3, non si riuscisse più a produrlo con la precisione di una volta. Automazione, computerizzazione e specializzazione del personale, non sono in grado di produrre come si deve? Il vostro cellulare dura esattamente due anni e un giorno, perché al momento della produzione è questo ciò che è stato deciso. Ovviamente è stato scelto un *gap,* se tutti i cellulari durassero due anni e un giorno, a qualcuno verrebbe un dubbio. Gli apparecchi, (ma anche il tessile, l'arredo, ecc) sono studiati per durare da x a y anni. Sempre ovviamente dopo la scadenza della garanzia. All'inizio pensavo fosse una teoria complottistica, poi ho raccolto diversi indizi, prove ed esperienze, che mi hanno confermato il tutto.

Tutto questo discorso l'ho fatto per darvi un avvertimento: non dovete acquistare prodotti di marca costosi. Mi spiego meglio, se desiderate una camicia della *Burberry*, perché volete avere un qualcosa di marca, fatele pure, ma non aspettatevi che duri di più rispetto ad un altro prodotto analogo. Sicuramente durerà un po' di più rispetto ad una camicia senza marca, ma non crediate che potrete indossarla da qui all'eternità solo perché vi è costata mezzo stipendio. Subirà gli stessi danni da lavaggio o usura del tempo. Il fatto che costi dieci volte il prezzo medio, è dato dal nome (dalla *griffe*) e non dalla qualità. La qualità sarà senz'altro buona, così come lo è la qualità dei prodotti da bancarella. Sempre a patto che non scendiate eccessivamente di fascia di prezzo. Una camicia che costa un euro qualche difetto lo deve avere. Ma una camicia da 15 euro sarà esattamente della stessa qualità della *Burberry* che ne costa 150. Se quello che desiderate è un prodotto di marca allora non posso obbligarvi a non acquistarlo, ma se pensate che un cellulare *Samsung* sia migliore di un *Onda* o di un *Telit,* allora siete fuori strada. Il cellulare della *Onda* durerà lo stesso tempo del cellulare *Samsung*.

A parità di caratteristiche, dovete sempre acquistare quello che costa meno. Addirittura gli stessi prodotti sono venduti da marche diverse ma con nomi differenti. Tipico è il caso della *Citroen Nemo, Peugeot Bipper,* e *FIAT Qubo.* Sono tre automobili prodotte da tre case automobilistiche diverse, esteticamente sono le stesse, anche gli interni sono gli stessi, probabilmente ci sono degli accorgimenti tecnici differenti, ma sostanzialmente stiamo parlando dello stesso prodotto.

Qualcuno di voi penserà che la FIAT *Nemo* è migliore della *Bipper* perché gli italiani sanno fare le automobili meglio di tutti. Qualcuno potrebbe pensare il contrario. Questo è invece, il classico caso dove dovete acquistare il prodotto più economico. In questo modo per lo stesso prodotto e per una spesa di 12-15 mila euro, potrete risparmiare tranquillamente un paio di migliaia di euro e più, che nella contabilità annuale non è poco. Anche le automobili hanno la scadenza. Inizierete ad andare dal meccanico un giorno sì e l'altro no, ogni volta, e dopo costose e non meglio precisate riparazioni, userete la vostra auto per qualche mese e poi di nuovo un problema al motore o giù di lì. È la scadenza. Gli aspirapolveri dopo pochi mesi non *tirano* più, i frigoriferi emettono rumori sinistri, le TV si spengono da sole, i PC non si accendono proprio, i cellulari non suonano, le ante dei mobili si staccano. È la scadenza. Non dico che non esistono prodotti di qualità, dico che a parità di caratteristiche e funzionalità, bisogna sempre acquistare ciò che costa di meno. Se due mobili sono uguali, ma uno costa mille euro e l'altro duecento, cercate di capire se sono ad esempio fatti con materiali diversi, esaminate il prodotto. Un armadio venduto da un mobilificio di una prestigiosa via del centro, può essere lo stesso venduto da *mondoconvenienza*.

Aspettate un po'

Le novità si sa piacciono a tutti. Acquistai il mio primo schermo piatto per PC appena fu sul mercato, non ricordo l'anno, sicuramente intorno al 2000. C'erano ancora le lire, era il periodo in cui il prezzo era esposto sia in euro sia in lire. Il monitor, un 15 pollici della LG mi costò 680 euro. Uscito dal negozio ci misi un po' per capire che 680 euro erano un milione trecentosessanta mila lire (non che 680 mila lira fossero poche). Solo poche settimane dopo uno schermo dalle stesse caratteristiche costava la metà. Oggi con un centinaio di euro si può acquistare un 19 pollici. Mi sarebbe bastato aspettare poche settimana per pagarlo molto di meno, tuttavia, la fantastica novità di avere uno schermo senza tubo catodico, prevalse sulla logica (il vecchio monitor con tubo catodico funzionava ancora benissimo). Tutti i prodotti tecnologici, appena escono sul mercato hanno prezzi alti, il rapporto tra la novità ed il costo della novità, è, nel 99% dei casi, sbilanciato. Significa che, come detto precedentemente, la differenza tra il primo *Iphone* e l'ultimo, non giustifica il prezzo. Nel mondo dei cellulari ad esempio, non c'è mai stata una vera novità. L'unica consistente si ebbe già agli albori, quando da che erano apparecchi pesanti e voluminosi, divennero piccoli e comodi. Tutto ciò che è venuto dopo, touch screen, wifi,

GPS ecc. è oggettivamente di dubbia utilità. Il telefono cellulare è un'invenzione utile poiché permette di contattare e di essere contattati, ovunque voi siate. Prima, questa comodità non esisteva. Un nuovo modello di cellulare dal costo di parecchie centinaia di euro, non offre poi così tanto rispetto ad un vecchio apparecchio con la sola funziona di telefono e SMS. Personalmente, non sono mai andato in internet tramite cellulare, non mi serve. Proprio per questo motivo, i prezzi scendono velocemente una volta che si è esaurita la novità. Se la novità fosse davvero indispensabile, rimarrebbero alti. Poiché noi tutti, me compreso, siamo figli del consumismo, non siamo disposti a rinunciare a quella funzione in più. L'unico modo che abbiamo per non spendere ogni volta una montagna di soldi, è quello di attendere che il prezzo si abbassi, e credetemi, si abbassa di molto.

Quel dannato caffè

Un caffè in Italia costa circa 80 centesimi, che sono pochi, tuttavia un caffè al giorno per cinque giorni a settimana sono quasi 200 euro in un anno. Aggiungendo altri 80 centesimi per la merendina quotidiana dalla macchinetta all'ingresso del nostro ufficio, arriviamo a 400 euro. Poiché poi siamo persone stressate e sempre in movimento, i caffè che acquistiamo sono due, arriviamo a 600 euro. Siamo anche persone golose, quindi gli snack sono due, arriviamo a 800 euro, per molti di noi è uno stipendio, per altri la metà, ma sempre tanto è. Il pacchetto di gomme quanto vi costa? Il quotidiano che neanche leggete? Il lavaggio settimanale dell'automobile? Non vi dico neanche quanto spendete per le sigarette, perché spero lo sappiate già da voi. È chiaro che non potete rinunciare al rito della pausa caffè con i vostri colleghi, questo libro non vuole farvi diventare dei monaci tibetani, i piccoli piaceri della vita vanno vissuti. Ma state attenti, non sottovalutate le piccole ma quotidiane spese. Personalmente sono anche contro i 40 centesimi che qualcuno da all'extracomunitario che vi pulisce i vetri dell'auto, così come sono contrario ad ogni forma di beneficienza economica. L'euro che avete donato a TELETHON o per il terremoto dell'Aquila, non dovrebbe uscire dalle vostre tasche, nel momento in cui è stato eletto un governo che sperpera migliaia di miliardi di euro nei modi più incredibili. Ma questo è un altro libro. Dovete avere cognizione di ogni euro che spendete. Le merendine del distributore nel vostro ufficio, sono una rinuncia legittima. Indipendentemente dal fatto che facciano male, rappresentano un'inutile, ingiustificata e mal gestita spesa. Se vi viene fame mentre lavorate, portatevi da casa della frutta. Se non vi piace la frutta, ma avete bisogno a tutti costi del *Twix* o del *Mars*, allora portateveli comunque da casa. Acquistateli nel primo ipermercato che trovate e lasciateli magari nel cassetto della vostra postazione. Li pagherete almeno la metà rispetto al costo della macchinetta. Potete trovare una soluzione ad ogni piccola spesa. Le piccole spese sono personali e non sono in grado di elencarle tutte. Quello che è doveroso fare, è l'analisi di ogni euro che spendete. Vi accorgerete che potrete risparmiare anche un migliaio di euro ogni anno. La superficialità con cui si spendono le piccole cifre, è la causa principale del nostro non capire dove finiscono i soldi. Quando arriviamo alla fine del mese senza un euro, ma anche senza aver acquistato niente, senza aver fatto una vacanza, senza essere andati mai a cena fuori ecc. provate a pensare a quante monetine avete utilizzato. Considerate poi, che la moneta da due euro, che è elargita con tanta nonchalance, è l'equivalente di circa un quarto del vostro stipendi orario. Non è poco. Pensate poi al vostro amico e collega spilorcio, quello che non ha mai i soldi per pagarsi il caffè, c'è sempre qualcuno, voi compresi, che glielo offre. È la stessa persona che gira poi con una bella auto e va in vacanza alle *Antille*. Non voglio dire che risparmiando i soldi sul caffè diventerete ricchi, ma, ripeto, prestare la massima attenzione alle piccole ma costanti spese, vi aiuterà a diminuire sensibilmente i costi mensili, senza risentire la mancanza di qualcosa.

Automobile

A questa voce fanno riferimento molte delle spese sostenute da una famiglia. Ci sono persone indebitate all'inverosimile perché hanno acquistato l'ultimo crossover della BMW. In Italia, il culto dell'automobile raggiunge livelli imbarazzanti. Ventenni con contratti a progetto di 1000 euro al mese, che acquistano automobili da

25 mila euro e passano più di 4 anni della loro vita a pagare rate da 500 euro al mese più 2000 euro di assicurazione, una vera follia. Non parliamo poi dei 10 euro settimanali per il lavaggio rituale. L'automobile ha preso il posto della religione. Se poi un giorno ci si trova un graffietto, si va in paranoia per una settimana, per un'ammaccatura si può arrivare al suicidio. Quello che in molti hanno dimenticato, è che l'automobile è uno strumento. Banale, patetico, ingombrante, fastidioso ma, spesso, e mio malgrado, indispensabile strumento. Specie per chi vive nella grandi città come Roma, città con un servizio di trasporto ridicolo ed inadeguato, l'automobile è indispensabile. Il mio dentista (e si sa quanto guadagnano i dentisti) ha acquistato un'auto usata a poche migliaia di euro, in tre anni, e dopo un paio di tamponamenti, ha parzialmente recuperato la spesa sostenuta. È una persona dall'intelligenza squisita. Il fatto che esistano tante persone che acquistano auto costose, è per noi un grosso vantaggio. Dopo un paio di anni il ragazzo dai 500 euro al mese di rate, non riuscirà più a pagarla (anche perché il suo contratto di lavoro sarà scaduto) e dovrà svendere l'automobile. È qui che arriviamo noi. Il mercato dell'auto usata è uno dei mercati più interessanti. Un'automobile perde il 50% del suo valore dopo solamente 3 anni di vita (dati forniti dalla *Dat*, azienda leader a livello europeo di analisi di mercato). Tre anni non sono nulla. Se riuscite poi a prenderla con una bella ammaccatura, allora siete a cavallo. Conosco la

vostra paura, le auto usata possono essere difettate. È una possibilità, ma meno alta di quanto crediate. Finché ci sarà il culto dell'automobile, un'auto difettata sarà solo un caso raro e sfortunato, oltretutto la stessa possibilità esiste anche con le auto nuovo. Non è raro che una grande casa automobilistica ritiri dal mercato migliaia di vetture, per problemi anche gravi. La nostra auto dovrà quindi essere molto usata, ma perfettamente funzionante. Quante volte vi è capitato di vedere per strada una vecchia FIAT? La *FIAT UNO* era un modello resistente ed essenziale, ogni tanto se ne vedono ancora in giro alcune. Purtroppo a cause delle leggi sui motori a norma, euro4 euro5 ecc, non ne vedremo più. La loro scomparsa non è però dovuta al loro malfunzionamento, ma alle normative ambientali. Inutile dirvelo, l'obbligo di possedere motori a norma con la scusa dell'inquinamento, è una legge fatta per vendere più automobili, di certo l'emissione di CO_2 per i nostri governanti non è un problema. Mio suocero aveva la prima *FIAT punto* uscita sul mercato, ottimo veicolo, mai un problema, poi, ha dovuto cambiarla perché era euro1 o qualcosa del genere. Non voglio passare per chi non è interessato ai problemi ambientali, ma non è di certo continuando a costruire automobili a benzina che aumenteremo la qualità dell'aria che respiriamo, indipendentemente da quanto numeri ci sono dopo la parola *euro,* i carburanti inquinano, tutti, punto.

Se non siete interessati alle auto usate, perché avete i vostri motivi, allora quantomeno ne dovete acquistare una a KM0 o di esposizione. Le fabbriche continuano a produrre continuamente vetture che nessuno acquista, queste finiscono in dei grandi depositi ad aspettare che qualcuno le ordini. Sono le auto a KM0. Andate da un concessionario e chiedetegli che disponibilità hanno, lui cercherà di vendervi un'auto da configurare, scelta degli interni, colore, optional vari ecc. non ascoltatelo. Puntate direttamente ad un'auto già configurata. Ce ne sono di tutti i tipi. Considerate anche che le auto a KM0 sono solitamente *full optional*, per cui, allo stesso prezzo di un modello base, potete acquistare il meglio che il mercato offre.

Mi rincuora dirlo, ma anche le auto elettriche sono una discreta bufala. Se pensate di risparmiare denaro acquistando un'auto elettrica o ibrida, allora devo avvertirvi: per ora, non c'è risparmio. Facciamoci due calcoli prendendo delle auto come esempio. Iniziamo con una piccola utilitaria di 3 metri e mezzo, la *c-zero* della *Citroen*. Costa circa 28 mila euro ed è completamente elettrica, garantisce 150 km con una ricarica, la ricarica è di sei ore. In pratica potete usarla per andarci in ufficio e forse farci qualche gita fuori porta (ma rischiate). 28 mila euro sono una cifra sproporzionata per una vettura che non userete per andare in vacanza o fare lunghi spostamenti. Supponiamo che spendete di carburante 100 euro al mese, ovvero 1200 euro l'anno e 18 mila in 15 anni. Supponiamo che avete acquistato una *FIAT*

Bravo a 10 mila euro. Significa che se aveste acquistato una *c-zero*, sareste rientrati della spesa dopo 15 anni. In realtà questo non è esatto, il pacco batterie di una vettura elettrica infatti, va cambiato dopo 10 anni, il costo attualmente è di 5-10 mila euro. In pratica in quindici anni potete comprarne 3 di automobili al posto di una *c-zero*. In pratica una *c-zero* è solo una grande spese mai conveniente. Il discorso cambia poco con i veicolo come la *Renault Zoe*. Anche in questo caso parliamo di un'auto completamente elettrica, solo che il pacco batterie è in affitto. Il costo è di 79 euro al mese per 12500 km annui. Anche la *Zoe* è un'utilitaria cittadina. Il suo costo è di 21 mila euro, meno della *c-zero*, ma grazie all'affitto mensile, dopo 8-9 anni ne raggiungente il prezzo. Costa quindi il doppio di un'auto qualsiasi diesel, e in più dovete pagare l'affitto delle batterie, a mio giudizio una vera follia. Di buono c'è che non dovete cambiare le batterie dopo 10 anni. Ci sono poi le auto ibride come la famosissima *Toyota Prius*. Il suo costo base è 27 mila euro. Il suo consumo è di 20 km/l o meno, come una qualsiasi auto diesel. Non faccio commenti. L'unica auto che forse vale la pena da tenere in considerazione, è la *Toyota Yaris ibrida*. Il suo costo è di 18 mila euro, il suo consumo di circa 30 km/l, si tratta di un'ibrida. Rientrate della spesa dopo 8-10 anni. Non è il massimo come soluzione, ma se fate molti, molti, km all'anno, allora forse potete risparmiare qualcosa.

Per quanto mi riguarda, preferisco aspettare ancora. Il problema delle automobili è che i primi a guadagnarci sono i governi. Non serve dirvi quanto tasse ci sono sui carburanti, se da un giorno all'altro tutti andassero in giro con veicoli elettrici, lo stato perderebbe la sua principale fonte di reddito. Non voglio parlare di complotti o governi ombra, ma non ci vuole un genio a capire che qualcosa di strano, nel mondo delle automobili, c'è.

Riepilogo per i pigri

1. Non pulite casa 300 volte al giorno.
2. Non fate le file agli sportelli, fate tutto online.
3. Non perdete tempo con i gratta e vinci.
4. Non giocate d'azzardo.
5. Non improvvisatevi operatori finanziari.
6. Evitate di lavorare gratis nella speranza di...
7. Non imbottitevi di medicinali.
8. Non perdete tempo con siti che promettono grandi risparmi o guadagni.
9. Non acquistate prodotti di marca.
10. Non acquistate prodotti appena usciti sul mercato.
11. Non trascurate l'importanza delle piccole ma frequenti spese.
12. Non sperperato il vostro denaro in auto fuori la vostra portata.

Acquistare online

Questa parte è molto importante, perché dagli acquisti online dipenderà molto del vostro guadagno temporale ed economico. Finché dovete esplorare internet alla ricerca d'informazioni, non c'e' problema, nel peggiore dei casi qualcuno tenterà di convincervi che non esistono energie alternative al petrolio, o che Elvis Presley è ancora vivo ed è tornato sul suo pianeta. Ma quando dovrete mettere mano alla vostra carta di credito, allora qualche attenzione la dovete prendere. Facciamo le cose con ordine. Avete bisogno di un prodotto, di qualsiasi tipo esso sia, farete una ricerca su *Google* o altri motori di ricerca. Troverete quindi dei siti e sceglierete quello che mostra il prezzo più basso. Attenzione alle truffe o alle furbizie. Il fatto che il prodotto che desiderate abbia un prezzo basso non significa niente. Quello che dovete fare è una serie di controlli.

Prezzo

Accertatevi del prezzo della spedizione, se il prodotto costa 100 euro e la spedizione ne costa 50, allora lasciate stare, è la classica manovra da furbetti per far acquistare le merci ad un prezzo alto, nella speranza che l'acquirente si accorga della cifra spropositata solo dopo aver pagato. Il costo della spedizione infatti, non sempre appare chiaramente sul sito. Cercate quindi di capire quanto andrete a pagare di spedizione, e paragonate il prezzo della spedizione più il prezzo

del prodotto a quello degli altri siti. In altri casi più rari, il prezzo può essere espresso in sterline, la sterlina vale più dell'euro, ne consegue che se leggete 100, stiamo in realtà parlando di 125 euro e non 100. È raro che la moneta non compaia nel negozio, ma è successo. Può anche succedere che semplicemente non ci facciate caso, magari il negozio è in italiano e date per scontato che la valuta sia in euro. Fate in ogni caso sempre attenzione ai cambi di valuta, si tende a fare dei strani cambi con approssimazioni eccessivamente svantaggiose per voi. Cercate di arrivare al pagamento con la valuta in euro e non in dollari, sterline o altro. Il problema è che la vostra banca dovrà accreditarvi la valuta convertita, e le banche si sa, fanno i loro interessi. Quando si tratta di un prodotto che vale poche decine di euro, il problema è minimo, ma quando si parla di alcune centinaia, allora non è bello calcolare di dover pagare 500 euro, ma vedersene accreditare 530. Il problema è che la banca ha un lasso di tempo per scegliere quando operare il cambio di valuta, non so perché ma lo fanno sempre quando questa è svantaggiosa per noi. Su questo sito:
http://it.finance.yahoo.com/valute/convertitore/
potete fare i vostri calcoli, non c'è stata una sola volta che le cifre corrispondessero, e ovviamente sempre a mio svantaggio. Altri casi più rari e particolari, sono il prezzo per quantità minima, o all'ingrosso, ovvero il farvi un buon prezzo, ma dovete acquistarne una dozzina. Abbiamo poi la tessera socio, cioè dover pagare una quota annua

per essere iscritto ad una associazione, che vi fa pagare delle cose un po' meno del prezzo di mercato. Questo sarebbe buono ma vi obbliga a pagare una cifra annua spesso non indifferente, anche quando non dovete acquistare niente. Ci sono altri casi particolari troppo difficili da spiegare, sono per fortuna pratiche poco diffuse, quindi è inutile che ve le elenchi. Il fattore prezzo rimane oggettivamente molto semplice da verificare, tutte le varianti raramente sono nascoste, nel peggiore dei casi vi faranno solo perdere un po' di tempo, ma niente sorprese.

Spedizione

Cercate di capire da dove sarà spedito l'oggetto. Una spedizione dall'estero può andare incontro alle spese doganali, le quali a volte, anzi spesso, sono dei veri e propri salassi. I forum sono pieni di persone che hanno acquistato delle *Nike* dagli Stati Uniti a "soli" 50 euro, per poi pagarne altre 50 al momento della consegna. Cercate sempre di acquistare dall'Italia, o tutt'al più dell'Europa. In ogni caso fatevi sempre i calcoli sugli eventuali dazi (solitamente il 25% sul valore dichiarato), più avanti approfondirò il problema dogana. Tra i paesi europei non ci sono dazi.

Tempi di spedizione

In questo caso al massimo potrete essere infastiditi. Se il prezzo è buono, se non ci sono dazi, se il pagamento è come lo preferite, ma, invece dei 2-3 giorni che impiegano solitamente le spedizioni ne dovete aspettare 10, pazienza. Certo, se avete urgente bisogno del prodotto, allora dovrete rinunciare a questo negozio, ma in caso contrario, credo proprio che vi convenga accettare.

Affidabilità negozio

Accertatevi dell'affidabilità del sito, se in passato hanno commesso frodi, truffe o semplicemente lavorano male, allora sicuramente qualcuno in qualche sito di opinioni e recensioni, ne ha parlato. Fate una ricerca scrivendo il nome del negozio seguito dalla parola *opinioni* o *truffa* o *scam*. Se non trovate nessun tipo di risultato, fatevi venire qualche dubbio, a volte i siti di truffe nascono e muoiono nel giro di pochi giorni. Accertatevi che abbiano almeno una mezza dozzina di opinioni positive e controllate la data dei messaggi degli altri acquirenti. Se tutti i commenti sono stati fatti lo stesso giorno è evidente che si tratta dello stesso venditore che cerca di rassicurare le sue vittime. Non è facile capire se un negozio è affidabile, il negozio potrebbe essere piccolo o nuovo e non avere nessuna recensione, senza essere necessariamente gestito dal ladri. Un controllo ulteriore che potete fare è quello della verifica della partita IVA, la partita IVA deve sempre essere esposta sulla home page, se un negozio non la ha, non è un buon segno. Potete verificare le partite iva sul sito dell'agenzia delle entrate:

http://www1.agenziaentrate.gov.it/servizi/vies/vies.htm. Doveroso è fare anche un controllo sulla email. Se l'indirizzo email di contatto non è sul loro dominio (ad esempio staff@mediaword.it o info@elettronicaworld.com), ma preso da *yahoo.it* o *google.com* non è un buon segno. Solitamente per truffare la gente si usano email con numero progressivo, come ad esempio:

alessiosorrentino16@yahoo.it il 16 sta ad indicare che è il sedicesimo account di posta aperto, dopo che ne sono stati chiusi quindici. Se sono stati chiusi quindici account di posta elettronica, qualcosa di strano deve essere successo. Controllate anche se hanno un numero di telefono e una sede fisica. Molti negozi online sono la vetrina di un negozio fisico presente in una città. Telefono e indirizzo deve essere visibili sul loro negozio web nella pagina dei contatti. L'ultimo controllo utile è quello sul dominio. Un negozio serio possiede un dominio assoluto, come ad esempio www.mediaworld.it, se fosse stato www.mediaworld.altervista.it allora avreste a che fare quantomeno con un commerciante estremamente avido. Poiché un dominio costa 10-15 euro l'anno. Un commerciante avido non è mia una cosa buona.

Metodo di pagamento

Il miglior metodo di pagamento lato acquirente è il *contrassegno*, significa che pagate al corriere quando ricevete il pacco. Spesso però il *contrassegno* ha un supplemento relativamente alto sul costo della spedizione. Il supplemento va dai 3 ai 10 euro, è chiaro che se dovete acquistare un prodotto che vale 15 euro, pagare 10 euro di spedizione più 10 di contrassegno non vale la pena. Usate magari il *contrassegno* per le spese più consistenti o quando avete dei dubbi sull'affidabilità del negozio. Quando posso acquisto sempre in *contrassegno*. Non tutti i negozi però lo offrono. Purtroppo molta gente acquista e poi rifiuta il pacco, per questo motivo i negozianti, soprattutto quelli con grossi volumi di vendite, sono restii ad attivare il *contrassegno* tra i propri metodi di pagamento.

Il secondo metodo di pagamento è *Paypal*. Anche *paypal* è un buon metodo di pagamento. Si tratta di un gestore di transazioni, un intermediario tra voi e il venditore. Se qualcosa va storto solitamente può rimborsarvi. Se il venditore è un truffatore come prima cosa non accetterà *Paypal*. Con *Paypal* non vi cloneranno la carta di credito. Ci sono quindi dei buoni motivi per utilizzarlo. Per utilizzare *Paypal* dovete avere un conto corrente bancario, una carta di credito, e una mail. Quando dovrete pagare, il negozio vi porterà sul sito di *Paypal* per farvi portare avanti la transazione, è molto semplice da usare, basta seguire le istruzioni. Se *Paypal* non è disponibile, non significa che avete a che fare con un truffatore, *Paypal* infatti sottrae dalla transazione circa il 4%, questo per alcune categorie di prodotti è una percentuale molto alta, e molti negozianti preferiscono non averlo tra i metodi di pagamento. Vendere un prodotto a 100 euro e vedersene sottrarre 4, non è il massimo se il ricarico sul prodotto magari era di una quindicina di euro, significa che il negoziante ha perso più del 25% del suo guadagno, perfettamente comprensibile quindi una rinuncia nell'utilizzo di *Paypal*.

Abbiamo poi la carta di credito. Una volta dalla mia carta di credito sono spariti 2700 euro. Avevo acquistato da un sito affidabile, ma i dati della carta li avevo spediti via mail. Grave errore. Se il proprietario del sito è una persona corretta, non significa che lo siano anche tutti i dipendenti che hanno accesso alla posta elettronica. Oltretutto hacker anche di basso livello possono clonare un account di posta ed utilizzare tutti i dati che ricevono. La carta di credito va usata solo in due modi. Anzitutto utilizzatene una ricaricabile, ormai tutte le banche ne forniscono una. Ricaricatela solo un attimo prima di utilizzarla e solo dell'importo esatto da versare. Poi, evitate il più possibile di comunicare i dati via email. I siti seri hanno dei software che gestiscono la transazione tramite carta di credito in modo anonimo e autonomo. Se il negoziante vi chiede i dati della carta via mail o telefono, cercate di evitare. Lo stesso *Paypal* funziona da gestore di carte di credito. Sempre che il sito lo abbia abilitato tra i metodi di pagamento.

Bonifico bancario. Anche in questo caso non siete protetti dalle truffe, una volta inviato il denaro, non sarete in grado di riceverlo indietro. Stesso discorso per la ricarica *postepay*. Consigli quindi a tutti di pagare tramite *contrassegno* o carta di credito ricaricabile. In ogni caso se siete sicuri dell'affidabilità del negozio, potete pagare come meglio credete. Il più grande negozio del mondo, *amazon*, non accetta ne *paypal*, ne *contrassegno*, ne il *bonifico*, ma solo la carta di credito. Evidentemente hanno dei motivi tecnici e commerciali per aver fatto una scelta del genere, di certo nessuno accuserà mai *amazon* di essere un sito di ladri, o meglio, qualche cliente deluso sicuramente c'è, ma su milioni di vendite ogni anno credo sia del tutto normale.

Esistono poi altri metodi di pagamento da evitare assolutamente, parlo di W*estern Union, Moneygram* e simili. Con questi sistemi dovete recarvi ad un ufficio relativo fare un versamento e comunicare i dati del beneficiario. Dall'altra parte del mondo qualcuno si recherà nell'ufficio di competenza e, fornendo un codice che gli avete dato voi, ritirerà il vostro denaro. Il problema è che a ritirare il denaro può andarci anche un latitante ricercato in tutti i paesi del mondo. Poiché una volta ritirati i soldi, potrà scomparire nel nulla senza lasciare tracce. È il metodo preferito dai truffatori. Una volta, quando ero ancora inesperto, stavo per perdere circa 500 euro per l'acquisto di alcuni aspirapolveri robot, mi sono salvato per pochi minuti poiché la Western Union chiudeva alle 19.00, ed erano le 19.05. il giorno successivo il sito del venditore era scomparso, feci le mie indagini e scoprii che dalla mail con cui avevo avuto rapporti, erano partite parecchie truffe come quella in cui stavo finendo io. Mi sono quindi informato sui trasferimenti di denaro e ho scoperto tantissimi fatti di cronaca. Da quel giorno, mai più Western union o Moneygram.

Per la cronaca, questi servizi nascono e funzionano per le persone che hanno dei parenti in un altro paese e hanno urgente bisogno di denaro e non possono aspettare i diversi giorni che impiegano i bonifici internazionali.

Accessori prodotto

Alcuni prodotti, soprattutto nel campo dell'elettronica, posseggono degli accessori come memorie SD, cavi, alimentatori, borse contenitore ecc. spesso quindi, la differenza di prezzo dipende da questo. Ormai tutti i cellulari funzionano con la memoria espandibile, alcuni negozi la forniscono nella confezione, altri no. Nessuno regala niente, una SD da 16gb costa una ventina di euro, sono soldi che da qualche parte devono passare. Controllate anche questo. A volte degli accessori che fanno alzare il prezzo non vi servono, altre volte invece, un accessorio ch vi serve fa alzare leggermente il prezzo. Insomma, anche in questo caso starà a voi decidere come comportarvi.

Resi

Il reso del prodotto è una norma obbligatoria cui devono rispondere tutti i negozi. Tuttavia cavilli legali possono aggirare questa regola. Un prodotto può giungervi rotto, difettoso o non corrispondente a quello richiesto. In tutti e tre i casi il negoziante ha l'obbligo di rimborsarvi del 100% delle spese da voi sostenute. Quindi anche tutte e due le spese di spedizione, sia quelle di quando avete ricevuto il prodotto, sia quelle di quando lo avete rispedito indietro. Diverso è il caso in cui la merce ricevuta non è di vostro gradimento. Vuoi perché l'inserzione del negoziante era fuorviante, vuoi perché siete rimasti delusi da caratteristiche non osservabili da un'inserzione. In questo caso il rimborso è solamente quello del prodotto, e sia la spedizione da parte del negozio, sia la vostra, saranno a vostro carico. Controllate quindi nel negozio quali sono i termini per il reso del prodotto. Se avete dubbi, potete tranquillamente scrivergli e chiedere delucidazioni. Al contrario di quello che si pensa, è molto raro rendere indietro un prodotto, i negozianti non hanno nessun motivo per spedirvi prodotti difettosi.

Testare il prodotto

Un piccolo trucco per essere sicuri di poter acquistare ciò che desiderate, è quello di testare il prodotto. Uno dei difetti degli acquisti on line, è ovviamente quello di non avere il prodotto tra le mani, non possiamo sentirne il peso, non possiamo indossarlo, non possiamo provare l'interfaccia. Quasi tutte le cose che si vendono in internet, le trovate anche nei negozi fisici. Più che altro parliamo di elettronica. Se siete interessati ad acquistare una *Nikon d3200*, ma non siete sicuri che l'interfaccia software sia di vostro gradimento, andate da *unieuro*, *euronics* o simili e chiedete di provarla, è un vostro diritto. Ovviamente poi tornate davanti il vostro PC e procedete con l'acquisto online pagandola un 20% in meno. Cellulari, videocamere, navigatori, elettrodomestici piccoli o grandi, più o meno tutta la gamma elettronica può essere testata nei negozi specializzati, ma anche prodotti per la casa o abbigliamento, in alcuni casi hanno il loro mercato nei negozi fisici. L'ultimo modello delle scarpe *Nike* ad esempio, potete trovarlo su qualche mercato parallelo, così come potete trovarlo nel negozio al centro della vostra città. Potreste non essere sicuri del numero, il problema dell'abbigliamento è che le cose vanno indossate. Troppe volte scarpe o pantaloni che corrispondono alla vostra taglia, risultano essere o troppo grandi o troppo piccoli. Testare il prodotto in un negozio fisico per poi acquistarlo in internet è un ottimo modo per andare sul sicuro. Per l'abbigliamento quindi, non riuscirete a trovare molte delle cose che si vendono, salvo appunto ai prodotti delle marche più famose. Ma per l'elettronica non ci saranno problemi. È anche vero che diventa un grande dispendio di tempo girare per tutti i centri commerciali della vostra città alla ricerca del prodotto d'interesse. Magari fatelo solo se non avete fretta di acquistarlo, se capitate in un negozio per caso, se vi è di strada, se costa molto, insomma, testare un prodotto non deve diventare un'azione paranoica.

<u>Non solo ebay</u>

Molti di voi associano il commercio elettronico e gli acquisti online ad *Ebay*. *Ebay* in realtà ha rallentato lo sviluppo del commercio elettronico in Italia. Nella maggior parte degli altri paesi del mondo, gli acquisti online sono arrivati prima di *Ebay*, *Ebay* è nato come strumento aggiuntivo ad un sistema che già funzionava benissimo. In Italia purtroppo, *Ebay* è nato praticamente prima di tutti gli altri negozi. Per questo motivo, molti di noi, me compreso, per anni abbiamo acquistato solamente tramite *Ebay*, senza neanche cercare quello che desideravano fuori la sua piattaforma. Per quelli che non lo sanno, *Ebay* è come un grosso centro commerciale con delle regole. Ogni negoziante può aprire una vetrina al suo interno. Tutto qui. Lo scopo originario del grande portale, era quello di permettere a chi aveva qualche oggetto usato, di rivenderlo guadagnando qualche euro. Era una sorta di mercatino dell'usato. Poi però, sono usciti i venditori professionali. I venditori occasionali ci sono ancora, ma sono una minoranza. Se quindi conoscete *Ebay* e lo usate per i vostri acquisti, sappiate che non sempre è conveniente, anzi. Un po' alla volta le tariffe delle vendite sono aumentate. Significa che un negoziante che vi vende un ciondolo d'argento a cento euro, ne dovrà dare 10 ad *Ebay*, attualmente infatti, le tariffe si aggirano sul 10%. Questo 10% fa la differenza. Soprattutto per i prodotti di elettronica, dove il ricarico del negoziante è davvero basso, un 10% è davvero troppo. Consegue che se dovete acquistare un nuovo hard disk, sarà più probabile che lo troviate ad un prezzo inferiore fuori *Ebay*. Il problema è che molti di voi fuori non ci vanno. Un altro problema è che non tutti i prodotti si trovano su *Ebay*. Desiderare un qualcosa e limitarsi ad una ricerca in *Ebay*, è sconveniente. Considerate che i grandi negozi sono scappati da *Ebay*, massacrati dalle tariffe e dal ricatto dei *feedback*.

Il *feedback* è un giudizio che l'acquirente lascia al venditore, tale giudizio può essere positivo, neutro e negativo. Se il cliente non è rimasto soddisfatto della merce acquistata, perché magari è giunta rotta, difettosa o non corrispondente a quella richiesta, può rilasciare un feedback negativo. Tutto questo è una grande sciocchezza. Il negoziante tenderà sempre a soddisfare il cliente. Non ha nessun motivo per truffare qualcuno. Lasciare un feedback negativo significa rinunciare anche ad un rimborso. Molti acquirenti abusano di questo strumento e puniscono negozianti che non meritano di essere puniti. Di conseguenza questi, stufi, se ne vanno fuori *Ebay*. Ricordatevi quindi, che *Ebay* non è il commercio elettronico, ma solo una sua piccola parte.

Dogana

La dogana italiana è per tutti una grande incognita. Potete acquistare tre volte lo stesso prodotto dall'estero e pagare tre cifre diverse, anzi, in una delle tre probabilmente non pagherete nulla. Teoricamente la cifra da pagare è del 21% (ovvero l'iva) più la tassa di sdoganamento, che si aggira sui 10 euro. Praticamente però, alcuni prodotti non passano per la dogana, e vi arrivano direttamente a casa vostra senza che paghiate nulla. Altre volte ancora, è applicata una tassa di compensazione. Significa che pagate le vostre *Nike* come se le aveste acquistate in Italia. Il tutto però è relativo, anzi, soggettivo all'impiegato che analizza il vostro pacco. Tutto parte dal valore dichiarato sulla bolla di accompagno. Se acquistate dagli Stati Uniti, il venditore dichiarerà sul pacco il valore in dollari, poiché è in dollari che lo avete acquistato. Quando però arriva in Italia, spesso il 21% che pagate è in euro, quindi molto più del 21%. Altre volte ancora, pagate solo lo sdoganamento. Un altro caso è quando il valore della merce è di 12 dollari, in questo caso non pagate nulla. Insomma, ci sono talmente tante variabili che capire cosa state per pagare è molto difficile.

Dovete fare tuttavia molta attenzione al corriere che viene usato, soprattutto se acquistate dalla Cina. I corrieri DHL, UPS, TNT e FEDEX, gestiscono da se la dogana, significa che i tempi di consegna saranno comunque molto veloci, un pacco dalla Cina spedito con DHL impiega dai 4 ai 7 giorni. Se il corriere usato non è uno di quelli sopra citati, allora non solo potreste aspettare più di un mese, ma rischiate che non vi arrivi neanche. L'alternativa ai corrieri privati sono infatti le poste nazionali. Il pacco viaggia da paese in paese fino ad arrivare in Italia dove finisce in un girone dantesco. Il pacco rimane fermo per lo sdoganamento per settimane senza che voi possiate fare nulla. Dopo un po' vi arriverà una lettera dove dovrete dichiarare alcune cose, compilerete la lettera e la invierete via mail, passeranno altri giorni alla fine dei quali forse, riuscire ad avere il vostro pacco. Quando vi è possibile evitate le spedizioni tramite poste nazionali. Non tanto per la *China Post Air Mail* o la

Hongkong Post Air Mail, quanto per le poste italiane.

<u>Cose usate</u>

Internet accorcia le distanze riducendole a 0 km. Siti di annunci, mailing list, forum, chat ecc. annullano completamente la distanza tra le persone, permettendo di comunicare e scambiare informazioni, come neanche il telefono aveva fatto prima. Lo scambio di foto e video, permette a persone lontane tra loro, di migliorare la qualità delle informazioni che necessitano di trasferire.

Grazie a questo potrete acquistare l'usato garantito. Se temete di ricevere un prodotto difettoso, potete chiedere al venditore più foto dettagliate o addirittura un video. L'usato è sempre stato visto come una necessità estrema e remota. Quando ero piccolo, nessuno usava cose usate, era raro, e solo tra amici e conoscenti era possibile uno scambio. Giornali come *Portaportese* a Roma, si occupavano di esporre annunci di vendite, appartamenti, automobili, stereo, vestiti, ogni genere di annuncio poteva essere pubblicato. Era un giornale seguitissimo a tal punto da entrare nell'universo culturale di ogni romano, addirittura c'era il modo di dire: "ao! Ma che l'hai preso su *Portaportese*?" riferendosi ad un qualcosa che funzionava male. Oggi *Portaportese* esiste ancora, ma è anche online con un discreto successo, purtroppo per loro, con decine di concorrenti. Acquistare cose usate quindi, si è sempre fatto, oggi più di ieri, un po' per via della crisi, un po' per via del miglioramento delle comunicazioni. Solitamente non si acquistano cose usate perché si pensa alla truffa. L'idea che ognuno debba truffare l'altro, è insita nell'italiano medio. Oggettivamente la truffa può esserci. Sia premeditata, sia accidentale. Sarebbe sciocco negarlo. Dovete però considerare che le persone che decidono di vendersi un qualcosa, lo fanno per unire l'utile al dilettevole. Ci si libera di qualcosa che non si usa più, si libera spazio, e si guadagna qualche euro. In tutto questo non c'è motivi di premeditare di truffare qualcuno. In un mondo consumista, la cosa più saggia che possiamo fare è riciclare quello che gli altri non vogliono. Non è solo un discorso ambientalista, ma un sano e legittimo buonsenso. Andate sul vostro motore di ricerca preferito e ricercate il nome del prodotto che desiderato seguito dalla parola *usato.* Potrei darvi alcuni siti ma ne nascono e ne muoiono continuamente e sarebbe inutile, non voglio che questo libro sia uno di quei testi pieni di link morti. Motori di ricerca come *google* hanno la funzione *immagini,* se fate la ricerca usandola, risparmierete un po' di tempo, andrete più sul concreto. Acquistare un prodotto usato significa risparmiare dal 30 al 100 percento. 100% non è un errore di battitura, ma la realtà. Una volta ho venduto un lettino per i bambini a due euro. Era anche un buon lettino, senza neanche un graffio. Avrei voluto guadagnarci molto di più, ma avevo fretta di sbarazzarmene e oltretutto mi sono detto, "potrebbe esserci qualche giovane coppia che non può permettersi di spendere 400 euro per un lettino nuovo... facciamo loro un regalo". La cosa buffa è che l'acquirente che è venuto a ritirarlo era un tipo su di un SUV, un *Volkswagen Touareg* da 50 mila euro. Non esattamente una giovane coppia squattrinata. Ahime, essendo recidivo, ho messo in vendita un secondo lettino, un modello di *Ikea* dal valore approssimativo di 150 euro. Questa volta a ritirarlo è venuto un *Nissan Qashqai* con cerchi in lega e tutto il resto. Prezzo di vendita 99 centesimi. Mi viene da pensare che i più ricchi siano anche più furbi. Il tipo del Qashqai si lamentò oltretutto che la mia casa era *troppo* lontana dalla sua, che aveva fatto troppi Km, e che era meglio se glielo avessi portato. Disse che il lettino sarebbe servito per la casa al mare e da poco ne aveva comprato un altro per la casa di campagna sempre on line. Era infatti una coppia sui 50 anni molto preparata sul modo di fare acquisti con @commerce.

Controllate bene quindi, tutti le inserzioni che trovate nei vari siti di annunci ed aste. Prendetevi anche più tempo se non avete fretta. Se un lunedì non trovate quello che cercate, magari lo troverete martedì. Ogni giorno infatti nascono migliaia di inserzioni. E' chiaro che se vi serve urgentemente allora le cose cambiano. Comprare cose usate conviene nella grande maggioranza dei casi, ma non dovete farvi prendere la mano. Alcune cose usate sono anche moribonde o direttamente morte. Supponiamo che volessimo acquistare un pennarello usato, nel pennarello la vernice potrebbe essere quasi esaurita. Non possiamo saperlo da qualche foto o filmato.

Diciamo quindi che le cose "a consumo" non andrebbero acquistate, il rischio è troppo alto.

Guadagnare

In molti ormai fanno doppi lavori. Ci sono persone che lavorano 7 giorni su 7, anche negli anni '70 c'era chi faceva il doppio lavoro, ma lo faceva per potersi costruire una villa nella *valle del Treja*. Ora il doppio lavoro serve a pagare il mutuo di una casa in periferia. Assolutamente da cestinare il doppio lavoro, il nostro tempo va usato per divertirci, rilassarci, giocare, crescere spiritualmente, non per pagare i debiti. Per guadagnare quindi, non dovrete trovarvi un secondo lavoro, quello che dovete fare è semplicemente diventare piccoli commercianti occasionali.

L'abbigliamento vostro e della vostra famiglia, le cose che non vanno più, vanno rivendute. Nella vostra casa dovranno esserci solo cose che usate quotidianamente o quasi.

Rivendere

Recentemente ho commesso un grave errore: il seggiolone dei bambini lasciato scoperto fuori in terrazza, a contatto con la pioggia e del sole si è rovinato. Nel mentre si discuteve se regalarlo a qualche amico o se tenerlo nel caso ci scappasse un terzo figlio, abbiamo fatto perdere valore a un prodotto di serie A. E' stato un problema di superficialità: avrei dovuto fermarmi a riflettere un attimo e metterlo poi all'asta. Pazienza. Questo mi insegna che le cose vanno fatte subito e che non dobbiamo mai perdere il senso delle priorità. Se non fai subito una cosa, allora è facile che non la farai mai. Il seggiolone ha passato sei mesi tra le intemperie. Ora a rivenderlo non potrò pretendere troppo.

L'epoca in cui viviamo sarà ricordata anche per il grosso fattore consumistico. Siamo pieni di cose. Abbiamo garage, cantine, soppalchi e armadi, pieni di oggetti di cui ignoriamo perfino la provenienza. Quando nasce un bambino, i genitori ricevono tante di quelle cose da amici e parenti, che molte rimarranno imballate per anni. Arriva poi un giorno in cui per un trasloco o per la disperazione, andiamo a buttare tutto. Grave errore. Così come disse *Lavoisier, nulla si butta, nulla si distrugge* (in realtà era nulla si crea nulla si distrugge). Ogni volta che vi accorgete di non utilizzare più un oggetto, che sia esso un elettrodomestico, un vestito, qualsiasi cosa sia, non deve finire in uno scantinato, ma su un sito come *ebay.it, subito.it,* o simili. So che vi dispiace liberarvi del microonde che avete buttato in un angolo del vostro ripostiglio, ma se è stato sostituito da un più performante forno elettrico, allora è arrivato il momento per lui di finire nella casa di un'altra persona. So anche lo avete pagato quasi duecento euro, e che rivenderlo a cento è un peccato, perché è ancora nuovo. Ebbene, sappiate che il vostro forno microonde sarà venduto a cinquanta euro al massimo, salvo miracoli. Molte cose usate raramente raggiungono prezzi alti, soprattutto perché, spesso, lo stesso prodotto che voi avete pagato duecento euro, altri, lo hanno trovano nuovo a cento. Il costo di un prodotto il più delle volte non segue le leggi della logica. Avere più funzioni, non significa necessariamente un costo maggiore. Un apparecchio, magari di un'altra marca, magari con un design più brutto, ma avendo sempre le stesse funzioni, può costare molto meno del vostro. Qualche giorno fa in un supermercato ho comprato due bottiglie di aceto a 50 centesimi l'una. L'aceto non mi serviva in realtà, mi serviva la bottiglia. Dall'altra parte del supermercato, c'erano delle bottiglie vuote, più piccole di quelle dell'aceto, ma a 1,40 centesimi. Come vedete i prezzi di vendita dei prodotti, non sono attribuiti in base al reale valore della merce, ma ad una serie di fattori che sommati ne determinano il costo. L'esempio della bottiglia ci serve a capire che non dovete sottovalutare quello che si trova ricoperto di polvere nei meandri più bui della vostra casa. Un oggetto che per voi vale molto, può non valere nulla per altri, viceversa un vecchio oggetto per voi senza valore può essere il desiderio di molti. La domanda di base che quindi dovete porvi è la seguente: "meglio un impiccio in casa o un euro in più nel portafoglio?"

<u>Rivendere cianfrusaglie</u>

Se avete un garage o una cantina, fateci un salto e guardatevi attorno con gli occhi dell'acquirente. Tutto può essere venduto. Pensate che esiste addirittura un mercato dell'intimo femminile usato. Gli acquirenti non sono però donne disperate che non possono permettersi una mutanda, ma uomini con un, a mio giudizio, bizzarro senso dell'erotismo. Centinaia, forse migliaia di persone sono solite acquistare mutandine e reggiseni indossati un paio di volte da qualche donna. Il costo di un capo è di circa 30 euro. Non preoccupatevi, non ve la sto consigliando come attività. Questo è solo un esempio di fin dove può arrivare il mercato. In linea generale, quanto più ciò che vendete è particolare, più avete la possibilità di venderlo.

Vendere cianfrusaglie è un qualcosa di più sottile di quanto pensiate, è quasi alta finanza. Il particolare più interessante è dato dal valore della merce. Quello che per voi è senza valore, per altri non ha prezzo. L'esempio classico è quello del collezionista. Lasciando da parte i vostri vecchi fumetti (non hanno più mercato, troppi venditori e pochi acquirenti, a meno che non possediate il numero uno di Tex Willer non perdeteci tempo, lasciateli ai vostri nipoti), molte cose possono essere diventate oggetti da collezione rari e di gran valore. Una vecchia figurina ad esempio, può essere il pezzo mancane di una collezione mai terminata. Un modello di orologio, un soldatino, un giocattolo, perfino una vecchia mattonella può avere un valore nascosto. Una volta che avete raccolto un po' di cianfrusaglie, andate su *Ebay* ed iniziate a fare delle inserzioni. Vi conviene fare delle aste. Ebay ha due modalità di vendita, *l'asta online* e il *compralo subito*. Il compralo subito va fatto quando si conosce già il prezzo di mercato del prodotto. L'asta online è invece una grande incognita. Se la figurina che avete è contesa tra due collezionisti, allora può raggiungere cifre considerevoli. Se di acquirenti ce ne sono quattro, allora la cosa diventa davvero divertente. Se c'è un solo utente interessato, allora siamo messi male, e rischiamo di perdere un'occasione. Per le cianfrusaglie non conviene mai fare un prezzo compralo subito. Il rischio è, o di non venderlo mai, o di venderlo ad un prezzo troppo basso. Recentemente mi si è rotto un hard disk. Non legge più i dati. Un mio amico sistemista, ha detto che può essere riparato sostituendo il circuito stampato che è collegato al disco, il controller. Benissimo, penso io, l'hard disk costa 120 euro, una piccola ed insignificante scheda costerà pochi euro, col cavolo dice lui. E infatti, andando in giro per internet, il costo di questa scheda è esattamente quello dell'intero hard disk. Perché? Ovvio. Chi ha necessità di riparare il proprio disco, è pronto a spendere anche molto più del costo del disco intero. Se su quel disco ho dei dati importanti, il loro recupero non ha prezzo. Magari in questo momento un padre di famiglia sta disperatamente cercando il controller di un vecchio hard disk del '99, lo stesso hard disk che si trova buttato in una scatola sotto il vostro letto...

Il discorso di rivendere cianfrusaglie deve essere applicato anche a chi vi sta attorno. Amici e parenti devono usarvi con piazzista. Una volta poi che si sparge la voce saranno loro a venire da voi. Solo nel mio ufficio ho rivenduto una mezza dozzina di notebook e netbook. Ogni tanto qualcuno mi chiede il favore di vendergli il suo vecchio o rotto portatile. La mia tariffa è al 50%

(in realtà è inferiore poiché c'è poi da pagare la tariffa d'inserzione, quella eventuale di paypal, e la commissione di vendita). Evitate di essere generosi e fare favori senza ricevere nulla in cambio, non ne avete il tempo e la gente se ne approfitta. Oltretutto non c'è nulla di male a dividere il ricavato di quello che è a tutti gli effetti, un'operazione commerciale. Non scordatevelo quindi, se dovete prestare un libro ad un vostro amico, ovviamente, non gli farete pagare l'affitto, ma se lo stesso amico, vi chiede di vendergli qualcosa, allora diventa un lavoro e i lavori vanno pagati, a tutti i livelli.

Tenetevi gli imballi

Spazio permettendo, dovrete sempre tenere gli imballi dei prodotti che usate. Buste, bustine e vitarelle, manuali e soprattutto la scatola originale. Lo stesso prodotto rivenduto con l'imballo originale, può farvi guadagnare il doppio. Spesso accade che un oggetto sia utilizzato solo nelle prime settimane di vita, soprattutto piccoli e medi elettrodomestici, acquistati sull'onda dell'entusiasmo, sono poi messi da parte perché si rivelano essere poco pratici o problematici sotto alcuni aspetti. Rimangono su un tavolo della cucina ad accumulare polvere e spazio. Nonostante quindi abbiano due o tre anni di vita, sono stati usati solo una dozzina di volte. È arrivato il momento di rivenderli. Se avete tenuto l'imballo, potete addirittura rivenderlo come nuovo. Se siete pratici di *Ebay*, vi sarà capitato di leggere la scritto "come nuovo, usato pochissimo". Questa è però una scritta interpretabile, cosa s'intende per pochissimo? se possedete ancora l'imballo originale invece, potete scrivere qualcosa del tipo "nuovo, con imballo, usato solo una volta". In realtà se l'oggetto non riporta nessun segno di usura, potete anche togliere la scritta "usato solo una volta", a questo punto, l'inserzione diventa davvero appetibile per un potenziale cliente. È chiaro che se il prodotto ha evidenti segni di usura, imballo o non imballo non potete esagerare nella descrizione. Tuttavia il solo leggere "con imballo originale" rende un'inserzione superiore a quella di tutte le altre, a livello psicologico, l'imballo è sinonimo di nuovo. Una volta ho acquistato uno zaino da trekking porta bebè della *Ferrino*. L'inserzionista vendeva il prodotto come nuovo, ancora con etichetta. L'asta partiva da 79 euro, lo zaino nuovo si trovava (e si trova ancora) intorno ai 140 euro. Il venditore evidentemente, essendo il prodotto mai usato, contava di guadagnarci molto di più, invece, l'asta, è terminata con un solo acquirente: me. Effettivamente lo zaino non era mai stato usato, non c'erano segni di usura o logoramento, ne di sporcizia. Essendo una famiglia di pigroni, anche noi non lo abbiamo usato più di tanto. Il caso ha poi voluto che l'etichetta non fosse mai staccata. Si trovava, infatti, in una posizione che non dava fastidio e non si vedeva. Quando poi i miei figli sono cresciuti, e non ho più avuto bisogno dello zaino, l'ho messo all'asta. Inutile a questo punto dirvi cosa ho scritto nell'inserzione.

Uno zaino da trekking con etichetta e usato pochissimo è praticamente nuovo. L'asta è stata seguita da più persone, il prezzo di vendita finale è stato di poco più di 110 euro. Tolti una decina di euro di tariffe di ebay, è ricavato un guadagno di una ventina di euro. Se non avesse avuto l'etichetta, non sono sicuro che avrei guadagnato una cifra del genere.

Acquistare due e rivendere uno

I negozi di elettronica (ma anche casalinghi e alimentari) sono soliti inserire nelle loro pubblicità dei prodotti civetta. In pratica in un volantino che contiene una ventina di prodotti, i primi due o tre sono davvero offerte valide, le altre no. Durante le prime ore di vendita del prodotto sottocosto, l'oggetto in questione è già esaurito. Questo accade per due motivi:

1) Pochi pezzi in magazzino.
2) Ogni singola persona ne ha presi diversi.

Del punto uno ci facciamo poco, è ovvio che non possono vedere un prodotto in perdita per troppo tempo. Ma il punto due ci può essere utile. Una volta ero interessato all'acquisto di un cellulare *Samsung*, non ricordo il modello, ma il prezzo di mercato era 350 euro. Per vedere i prezzi di riferimento velocemente, uso *Ebay*. L'apparecchio oscillava tra i 340 e i 400 euro. Su di un volantino invece, avevo trovato lo stesso prodotto a 240 euro, un sconto davvero ottimo. Decido di acquistarlo. L'offerta iniziava un venerdì, per cui, io, con calma, venerdì in tarda mattinata mi reco al negozio, chiedo del *Samsung* e rimango deluso. Pare che fosse andato esaurito nella prima ora di vendita. Sconsolato me ne torno a casa. Controllo quindi *Ebay* sapendo già cosa avrei trovato: una mezza dozzina di aste del mio cellulare. Questo aneddoto vi insegna quindi che le offerte esistono davvero. Potrete agire sia costantemente, sia occasionalmente. Vi basterà perdere qualche minuto a settimana per esaminare i volantini e capire quali sono le offerte civetta da seguire. Vi recherete nel negozio in questione e farete scorta di un prodotto del quale non v'importa nulla. Se invece non v'interessa questa operazione, allora, semplicemente, prima di acquistare un prodotto che vi serve in un negozio fisico, controllate a che prezzo si trova in internet, se ci sono almeno 20 euro di guadagno netto (calcolate anche le tariffe di *Ebay* o di altri siti) prendetene il più possibile, tenetene uno per voi e rivendete gli altri. Recentemente ho fatto questa cosa con dei portatili. Il notebook è un prodotto vendutissimo (non per necessità, ma perché la durata della vita media è davvero molto bassa). Ho acquistato 4 notebook HP a 280 euro, ne ho tenuto uno e ho rivenduto gli altri a 350 euro. Togliendo le tariffe di *Ebay*, senza fare niente, ho guadagnato più di 150 euro. È chiaro che questo gioco si può fare solo raramente, ma è l'ennesimo consiglio che può aggiungere denaro alle vostre casse.

<u>Il più bel lavoro del mondo</u>

I commercianti che guadagnano di più, si sa, sono quelli che riescono ad avere un ricarico sul prodotto molto alto. Per questo motivo le grandi griffe come *Armani*, *Versace* o *Fendi*, sono aziende molto ricche. Una borsa che alla produzione (rigorosamente in Cina o giù di lì) costa un paio di dollari, è venduta a via del Corso a 400 euro. Anche la *Apple* con i suoi prodotti tecnologici ha un grande ricarico, non a caso le fabbriche si trovano in Cina, dove la manodopera e la materia prima ha i costi più bassi al mondo. Ma il più grande commerciante del mondo non si chiama né *Versace* né *Apple*. Il più grande commerciante del mondo si chiama *svuotacantine*. Perché? Perché guadagna sia quando acquista sia quando vende. Ho più volte preso seriamente in considerazione di fare questo lavoro, magari part time. Lo *svuotacantine*, mestiere denigrato, snobbato e svalutato, è pagato per portarsi via le preziosissime cianfrusaglie accumulate nei vecchi garage, è pagato per portarsi via gli avanzi di un trasloco, ed è pagato per portarsi via la brutta e vecchia camera da letto. Tutto ciò che recupera, poi, lo rivende. Un tempo gli acquirenti di uno *svuotacantine* erano davvero pochi, solamente quelli nella zona in cui aveva il suo magazzino. Oggi, uno *svuotacantine* con un po' di cervello, può aprirsi un negozio online con un nome sofisticato del tipo "vitangeforyou.com" oppure "gioiellinascosti.it". Non voglio consigliarvi di licenziarvi e di intraprendere questa attività. Questo testo serve a darvi dei consigli su come poter ottimizzare le vostre entrate e le vostre uscite. Quello dello *svuotacantine* è solamente un esempio per farvi capire come il guadagno può nascere dal nulla.

<u>Ebay</u>

Fino ad ora ho nominato spessissimo *Ebay*. Più che altro dal punto di vista dell'acquirente. È arrivato quindi il momento di parlarne anche dal punto di vista del venditore. Esistono libri di centinaia di pagine che parlano di *Ebay* e delle su potenzialità, se volete quindi approfondire, non avete che l'imbarazzo della scelta. Qui, in questo testo, mi limiterà all'essenziale. Per motivi personali non sono un gran fan della nota piattaforma, tuttavia non posso evitare di considerarla di estrema utilità. Ho circa 2800 feedback e lo utilizzo da quando è nato. Mio malgrado posso considerarmi un esperto. Do sempre per scontato che tutti ne conoscano il funzionamento, ma forse non è così, spiegherò quindi in questo paragrafo, di che cosa stiamo parlando.

Come già accennato, *Ebay* nasce come web utility per sbarazzarsi dei vecchi calzini e giocattoli rotti. Milioni di curiosi da tutta Italia, erano soliti girare per ore nella bella piattaforma, alla ricerca di curiosità ed affari da aggiudicarsi. Col tempo si sono però aggiunti sempre più negozianti di professione, facendo finire in secondo piano i venditori occasionali. Abbiamo quindi due figure principali dal lato delle vendite: il venditore professionale e il venditore non professionale. La differenza sostanziale tra i due, è che il primo deve sottostare alle leggi che regolano tutti i commercianti, uno sterminato elenco di tasse e doveri legali. Ovviamente il venditore occasionale o non professionale non deve sottostare a niente, è questo il vostro caso. Non ci sono particolari limiti nel profilo del venditore non professionale. In linea generale un acquirente tenderà ad avere maggiore fiducia in un venditore professionale dotata di partita IVA, telefono ed indirizzo fisso. Dovendo scegliere tra lui e voi, a parità di prezzo sceglierà lui. Tuttavia prima della partita IVA, il nostro potenziale cliente andrà a guardare i vostri feedback. Uno dei pregi / difetti di *Ebay* è il feedback. Il feedback è un giudizio che si da al venditore, può essere positivo, neutro e negativo. A fianco del nome del venditore, c'è una percentuale, questa percentuale scende quando si prendono più feedback negativi. Un venditore col 99.5% di feedback positivi, è un buon venditore, ma un venditore col 90% non lo è. Significa infatti, che una transazione su 10 finisce male. Avere tanti feedback significa avere esperienza ed essere affidabili, averne pochi, purtroppo, significa non avere esperienza e forse non essere affidabili. C'è stato un momento in cui, ci si scambiava i feedback vendendo "aria" a un centesimo di euro. I soliti furbetti, raggiungevano il centinaio di feedback e poi partivano con la truffa. Mettevano in vendita alcuni oggetti mediamente costosi, ma, una volta ricevuto il pagamento, non li spedivano (anche perché non li avevano). In questo modo si riusciva a fare anche qualche migliaio di euro prima di avere l'account chiuso. Non è infatti difficile spostare del denaro da un conto corrente all'altro e poi sparire nel nulla. Oltretutto la polizia postale, che dovrebbe occuparsi delle frodi online, non è eccessivamente efficace. Per cui, molti truffatori, aprivano e chiudevano account senza problemi. Gli acquirenti, trovandosi davanti un venditore con 100 feedback positivi, non dubitavano della sua onestà e cascavano nella trappola. In realtà sarebbe bastato controllare a che cosa era riferito il feedback. Ora, in un modo o nell'altro, non si può più vendere aria, l'aria altro non era che documenti digitali, foto e e-book, che non costavano nulla al venditore.

Una buona inserzione dettagliata, può però evitare di farvi giudicare come venditori non esperti. La frase "contattatemi per avere maggiori dettagli" rende la vendita migliore. Aggiungere un numero di telefono è un altro metodo per non finire nel calderone dei venditori. Ricordatevi però che il vostro tempo deve essere ben pagato. Non potete perdere tre ore per un'inserzione (con il vostro vecchio cellulare) da 10 euro, significherebbe aver guadagnato 3.33 euro ogni ora, non mi sembra il caso. Perdete qualche ora solo quando avete prodotti il cui valore si aggira sul centinaio di euro. È molto importante anche scegliere un buon orario per far scadere la vostra inserzione. Statisticamente ci sono più persone in internet verso le 17.00 del pomeriggio e nei giorni centrali della settimana, martedì, mercoledì e giovedì. Dovrete quindi far finire la vostra asta verso quest'ora e in questi giorni. Dovrete fare un piccolo calcolo, considerando che la durata massima che potete scegliere è di 10 giorni. Molte persone sono poco interessate alle vostre aste, e significa che se sono connesse, fanno un'offerta, se non lo sono, desistono. Si tende solitamente a fare offerte nelle ultime ore, lo si fa per evitare che l'asta si alzi troppo. Se l'oggetto che state vendendo è realmente fonte di interesse, il fattore scadenza asta sarà fondamentale. È un po' come se aveste un negozio in una via del centro. Una cosa è aprirlo alle 22.00 e chiuderlo alle 07.00, un'altra è aprirlo alle 10.00 e chiuderlo alle 19.00. statistiche sugli accessi nella rete potrete trovarli facilmente ricercando in internet.

Riepilogando, per vendere su *Ebay* le vostre inserzione dovranno avere:

    1) Tante foto
    2) Video
    3) Descrizione dettagliata del prodotto
    4) Parole rassicuranti
    5) Extra contatti email o telefonici
    6) Termine inserzione martedì giovedì ore 17:00

<u>Banche del Tempo</u>

La *Banca del Tempo* (abbreviato, **BdT**) è un tipo di associazione che si basa sullo scambio gratuito di "tempo" (wikipedia). In pratica se sapete fare qualcosa, come insegnare inglese, informatica o portare a spasso cani, potete farlo gratuitamente guadagnando ore invece di denaro. Quando poi avrete bisogno che qualcuno faccia qualcosa per voi, potrete richiedere il tempo che avete guadagnato, scambiandolo, ad esempio,con un corso di ballo o di yoga. Ci si scambiano ore invece di soldi. Personalmente non ho mai scambiato niente (avendo pur modestamente molto da offrire). Devo però ammettere che si tratta di un metodo molto buono per risparmiare denaro. Ho però l'impressione che non stia avendo molto successo. Forse all'atto pratico non è facile da gestire. Supponiamo che abbia bisogno di un carrozziere, pensate che qualcuno sia disposto a ripararmi l'auto in cambio di un corso di tango? Non lo so, non ne sono molto sicuro. Oltretutto calcolare il tempo non è facile. Qualcuno potrebbe dire che un corso di giapponese non può essere pagato come un corso di cucina. In ogni caso non posso esprimermi granché sull'argomento, poiché non ho mai usufruito di questo servizio, pertanto non sono in grado di giudicarlo o descriverlo. Volevo comunque informarvi della sua esistenza. In linea generale, scambiarsi i favori, è sempre una cosa buona. Come ho detto all'inizio di questo libro, il tempo è una merce importante almeno quanto il denaro, se non di più. Avere milioni di euro in una banca e non poterli usare perché si lavoro 24 ore al giorno, è come essere le persone più povere del pianeta.

Ragazza alla pari

Si tratta di ospitare qualcuno in casa vostra, che, in cambio di vitto e alloggio o solo alloggio, si occupa di farvi da babysitter, badante o colf.

Chiaramente solo in pochi possono fare qualcosa del genere, fondamentalmente perché dovete avere una stanza libera per ospitare la persona. È comunque l'ennesima mossa vincente potenzialmente adottabile. In questo caso guadagnerete sia tempo che denaro, poiché non dovrete occuparvi di molte delle faccende quotidiane che riempiono la giornata soprattutto nelle famiglie con figli o genitori anziani e entrambi i coniugi lavoratori. Se avete quindi una stanza libera, non esitate a darla a qualcuno. In ogni caso con una stanza libera potete guadagnare e anche molto. Nelle grandi città l'affitto di una stanza varia dai 250 ai 600 euro al mese. Se non avete figli piccoli da gestire o genitori anziani non autosufficienti, ma avete una stanza libera, allora non esitate e affittate la stanza a qualche studente. Considerate che un ventenne studente universitario a casa ci torna solamente per dormire, non siate schizzinosi, un estraneo a casa in pochi giorni diventa un membro della famiglia, ovviamente, sceglietevi l'inquilino che vi dà più affidamento. Una stanza libera nella vostra casa è un capitale che non deve essere sprecato.

Non ho poi mai capito perché si parla sempre di ragazza alla pari e mai di ragazzo ...

Cohousing ed eco villaggi

A proposito di condivisione della propria casa, non possiamo non citare il *cohousing* o gli eco villaggi. Sicuramente ne avete già sentito parlare: "Il termine *cohousing* è utilizzato per definire degli insediamenti abitativi composti da alloggi privati corredati da ampi spazi (coperti e scoperti) destinati all'uso comune e alla condivisione tra i cohousers. Tra i servizi collettivi vi possono essere ampie cucine, lavanderie, spazi per gli ospiti, laboratori per il fai da te, spazi gioco per i bambini, palestra, piscina, internet cafe, biblioteca e altro. Le abitazioni private sono di solito di dimensioni più limitate rispetto alla media delle normali abitazioni (più piccole del 5 al 15%). Il motivo è duplice: contenere i costi complessivi dell'intervento (poiché a carico di ciascun proprietario vi è anche una quota-parte della spesa per la realizzazione degli spazi collettivi) e cercare di favorire in questo modo un più intenso utilizzo delle aree comuni " (wikipedia).

Per molto tempo io e mia moglie abbiamo preso in considerazione questo tipo di scelta. Messo sulla carta non sembrano esserci problemi. Tuttavia un paio di note negative dobbiamo sottolinearle. Anzitutto condividere degli spazi significa essere in rapporto costante con altri nuclei familiari. Il che è un problema, poiché l'uomo nasce come animale da branco, e si sa che nel branco c'è il capobranco, ebbene, tutti vogliono fare il capobranco. Non so voi, ma io nel mio condominio non sono mai d'accordo con nulla di quanto viene deciso, per cui, essendo di natura molto accondiscendente, abbasso la testa e firmo. Nei condomini vengono raramente prese decisioni all'unanimità, negli eco villaggi le decisioni da prendere sono all'ordine del giorno, soprattutto in fase di creazioni del villaggio stesso. Se siete come me, alla lunga, vi ritroverete a condividere delle scelte scomode che non vi faranno vivere come vorreste. Bastano poi un paio di vicini mediocri, per rovinarvi la giornata. Un conto è infatti chiacchierare del più o del meno, in questo siamo tutti felici e andiamo tutti d'accordo, altro discorso è decidere come utilizzare la sala hobby, a che ora spegnere l'illuminazione notturna, come gestire i giardini, la raccolta differenziata, i parcheggi delle auto, gli acquisti in comune, i riscaldamenti quando devono partire? E il fotovoltaico da quanti megawatt? Io voglio la piscina ... tuo figlio tiene lo stereo troppo alto e fa entrare i suoi amici comunisti nel cortile principale, tua figlia si sta sempre a sbaciucchiare nel parco delle giostre dei bambini, la tua moto è troppo rumorosa, io voglio piantare dei gerani all'ingresso della tua casa, e la tua casa è più grande della mia quindi devi pagare il doppio della quota per il riscaldamento ecc. Forse sto esagerando, ma quando abbiamo iniziato a cercare qualche gruppo, siamo dovuti scappare. I problemi sorgevano ancora prima di trovare un'area dove costruire. Oltretutto, ma forse era solo un caso, più della metà dei futuri inquilini, erano coniugi in pensione senza figli. Il che mi faceva pensare a qualcuno che cercasse un ospizio gratuito.

Il secondo problema è rappresentato dalle distanze. Creare un eco villaggio significa occupare un'area di alcuni ettari, soprattutto se si vuole avere anche degli orti o degli alberi da frutto. Difficilmente troverete spazi edificabile tanto grandi ad un prezzo accessibile vicino la città in cui lavorate. Tutti i terreni edificabile che abbiamo visto in quel periodo, erano lontani almeno 40 KM dal mio luogo di lavoro. Questo non era un problema per i sessantenni pensionati, ma per me rischiava di diventare un salasso economico e un esaurimento nervoso.

Rimango comunque molto ottimista riguardo l'idea del cohousing, tempo addietro ho conosciuto un ragazzo molto giovane che stava vivendo questa esperienza con altri ragazzi suoi coetanei, in un casale presso Cerveteri. L'operazione gli era costata davvero poco, il casale, molto grande, era praticamente diroccato, una ventina di loro lo avevano acquistato con poche migliaia di euro, lo avevano ristrutturato alla buona, e ci si erano trasferiti. Non so come sia andata a finire, non so se vivono ancora li, ho perso i contatti molto presto, posso solo dire che in quel periodo lavorava molto, ed era discretamente soddisfatto.

Alimentazione e abbigliamento

Due spese costanti e difficilmente rinunciabili fanno parte delle nostre uscite. Al mangiare e al vestirsi non ci si può rinunciare.

La mia famiglia mangia biologico e non rinunciamo a niente. Risparmiare sul cibo è sciocco, inutile e dannoso. In questo capitolo ci sono 6 punti su come dovrete comportarvi per risparmiare avendo il massimo.

Uno dei settori più colpiti dalla crisi è quello dell'abbigliamento. Quel terribile maglione di lana che rimane nell'armadio per anni, stentiamo a disfarcene perché non è mai stato sostituito da qualcos'altro. In verità, dopo aver letto questo capitolo, correrete a buttarlo. Ci sono 4 modi in cui potete vestirvi risparmiando.

<u>Addio all'amico salumiere</u>

L'errore più comune è fare sempre la spesa nello stesso posto. il salumiere non è vostro amico, ma un semplice negoziante il cui unico intento è quello di guadagnare il più possibile avendo il maggior numero di clienti. Il fatto che lo conosciate da tanti anni, il fatto che anche lui sia della vostra squadra del cuore, il fatto che conosce i vostri figli per nome, non sono motivi che giustificano il fare sempre la spesa da lui. Guardatevi intorno, girate l'angolo, provate altri supermercati, guardate i prezzi e testate la qualità, spesso il focalizzarsi sullo stesso supermercato è sbagliato perché non è detto che abbia i prezzi migliori o la qualità migliore. Avere un rapporta di amicizia con chi vi vende del cibo va bene fino ad un certo punto, spesso proprio su questa amicizia ci sono state delle truffe. Prodotti vecchi e di pessima qualità sono stati venduti sulla fiducia che l'acquirente aveva verso il commerciante. Solo testando altri negozi potrete affermare di aver scelto giusto, e anche in questo caso, di tanto in tanto un'occhiatina dietro l'angolo non vi farà male.

Volantini

Quei fastidiosissimi volantini che invadono la vostra cassetta delle lettere, sono in realtà un grande capitale. I prodotti che vende la *Conad*, sono gli stessi che vende *Panorama* o *Carrefour*. Quello che dovete fare è una banalissima analisi delle offerte. Ormai tutti i supermercati mettono un po' di sconti su alcuni prodotti. A volte sono sconti finti, nel senso che raggiungono lo stesso prezzo di altri supermercati. Ma la maggior parte delle volte lo sconto è reale. Senza che andate fisicamente da un supermercato all'altro, segnatevi su di un foglio ciò che vi serve e cercatelo nel volantino. Non fate il contrario. Se nel volantino è in offerta il cibo per cani, e voi di cani non ne avete, evitate di andare in quel negozio. Voglio dire che in ogni caso l'offerta deve essere su di un prodotto che usate e non su di un qualcosa che non vi serve o non vi piace. Altrimenti vi riempite casa di prodotti che prima o poi scadranno e avrete solo buttato soldi.

Grandi quantità

Basandoci sempre sull'offerta che abbiamo trovato nel volantino, e una volta che ci siamo accertati che si tratta di una vera offerta e non di uno sconto finto, acquisteremo una grande quantità di quei prodotti. Tendenzialmente le scadenze sono sempre molto lontane, fatevi però due calcoli in base al vostro consumo e alla data di scadenza. Ripeto fate attenzione alla data di scadenza o rischierete di dover mangiare lo stesso prodotto fino alla nausea. Supponiamo che utilizzate un prodotto che acquistate regolarmente a 2 euro, e che trovate scontato a 1.5 euro. Supponiamo che lo consumiate 2 volte a settimana. In un anno spendereste 192 euro. Se il prodotto è acquistato ad 1.5 euro allora la spesa annua è di 144 euro, ci sono quindi 48 euro di differenza. 48 euro non sono molti in un anno, ma se i prodotti che riuscite ad acquistare scontati sono 20, allora arriviamo a 960 euro, ovvero uno stipendio, non è male.

Spesa alimentare in posti diversi

Il fatto che una catena di supermercati abbia un buon prezzo sul caffè, non significa che lo abbia anche sui succhi di frutta. Acquisterete i vostri prodotti in posti diversi, analizzando sempre i preziosissimi volantini. È scomodo, non lo metto in dubbio. Fatelo solo se nel raggio di pochi chilometri avete diversi supermercati. Fatelo solo se la differenza di prezzo è reale, se nel supermercato A il latte di soia costa 2.10 euro e nel supermercato B costa 2.12, non perdete il vostro tempo andate a quello più vicino o con più prodotti a buon prezzo. Non avrebbe senso fare 20 km per comprare delle marmellate e poi farne altri 15 per il detersivo. Soprattutto considerando il costo dei carburanti.

Discount

Non sottovalutate i discount. Il fatto che un prodotto non abbia una marca conosciuta è attualmente più un pregio che un difetto. Considerate che una marca è conosciuta quando vi riempie di pubblicità in televisione e sui giornali. Tutto questo ha un costo, quel costo è sommato al costo del prodotto e sottratto al costo della qualità. In pratica mangiate peggio e spendete di più. Non è un caso se i prodotti artigianali che provengono dalla piccola produzione, hanno una qualità migliore. Ad esempio *Todis* vende una crema di nocciole biologica che è qualcosa di magnifico. Costa meno della tanto pubblicizzata *Nutella*, e la qualità è eccellente. Non dovete credere a me, guardate gli ingredienti dei prodotti che acquistate, paragonate quelli della *Mulino Bianco* e quelli della *Nestlé* alle sconosciute marche dai nomi strani che trovate nei discount, la differenza è evidente sia nella qualità che nel prezzo. Non siate quindi prevenuti, aprite la vostra mente.

Tenete anche gli occhi aperti sulle etichette e il tipo di confezione. *Più Bio* nota catena di prodotti biologici, vende un olio da un litro a 7 euro. Anche Todis vende un olio biologico, ma a 4,5 euro. Apparentemente si tratta di due prodotti diversi, l'etichetta è diversa, il nome dell'olio è diverso. Ma se osservate la forma della bottiglia, noterete che è la stessa, se guardate il colore dell'olio, vi accorgerete che è lo stesso, ma soprattutto, se leggete la sua provenienza, vi accorgerete che è la stessa. In pratica, la stessa casa di produzione, vende sia a *Più Bio*, sia a *Todis*, in teoria dovrebbero trovarsi ai due opposti come qualità dei prodotti, in pratica è lo stesso prodotto ma con un prezzo decisamente diverso.

Gruppi d'acquisto

Da alcuni anni si sono formati dei gruppi d'acquisto solidale http://www.retegas.org/. I GAS sono una grande invenzione in quanto vi permettono di risparmiare sulla spesa avendo un'ottima qualità dei prodotti. Più che altro si parla di frutta e verdura. Anche se molti GAS propongono ogni genere di beni fino ad arrivare anche all'abbigliamento. Anche i formaggi e le carni sono sempre presenti. Il GAS è appunto un gruppo di acquisto formato da decine di famiglie, le quali agiscono col potere di acquisto di un negoziante. Si rivolgono quindi ad un produttore, ad esempio un contadino, e riescono ad avere più o meno lo stesso prezzo del fruttivendolo. Questo perché hanno un grosso potere d'acquisto. Se si garantisce al contadino un acquisto consistente della sua merce, questo, non può che fare un buon prezzo al gruppo. In secondo luogo la qualità dei prodotti acquistati è controllata. Quando andate a fare la spesa, spesso non sapete da dove provengono le cose che comprate, nel migliore dei casi l'etichetta si limita a citare una sperduta località della Puglia, ma voi non avete la minima idea del tipo di lavorazione subita. Il gruppo d'acquisto invece sceglie un produttore che si trova in zona, quantomeno nella stessa regione. Chi fa parte del gruppo d'acquisto può quindi farsi una bella gita e andare sul luogo della coltivazione e vedere con i propri occhi da dove viene ciò che sta per mangiare. Per questo motivo i prodotti dei gruppi d'acquisto sono biologici. Dal sito che vi ho linkato prima, cercate nella vostra città o nel vostro quartiere se è presente un gruppo. Se è presente, non perdete tempo e entrate a farne parte. L'unico difetto dei GAS è che richiedono un minimo di partecipazione. Solitamente c'è un appuntamento settimanale di un paio di ore, in cui dei volontari distribuiscono gli ordini fatti da tutti i membri del gruppo. D'altra parte, se si vuole avere prezzi bassi e qualità, qualcosa in cambio la dovete dare. Per quanto mi riguarda donare un paio di ore del mio tempo una volta ogni due mesi non mi sembra un sacrificio, dovevo comunque avvertirvi. Oltretutto le quantità che si ordinano sono sufficienti al fabbisogno settimanale, quindi non dovrete andare a fare la spesa di frutta e verdura tutti i giorni per avere i prodotti più freschi. Questo significa un grande risparmio di tempo. Quello che acquistate dal GAS non è stato surgelato e/o sballottato da una parte all'altra del mondo, si tratta di prodotti freschi raccolti pochi giorni prima del trasporto.

Ristoranti

Un giorno ho telefonato ad un ristorante per prenotare un tavolo, dall'altra parte del telefono una voce mi corregge, sottolineando che non si tratta del ristorante *da Elio* ma della trattoria *da Elio*. Una differenza enorme a giudicare dal tono dell'interlocutore, chiedo scusa. L'unica differenza che ho sempre trovato tra le due categorie è quella del prezzo, una trattoria costa molto meno di un ristorante. La cucina è praticamente la stessa, l'ambiente cambia poco. Andare a cena fuori è diventato proibitivo per molti, tuttavia se volete passare una serata fuori, mangiare bene, ed essere serviti senza dover lavare i piatti, basta seguire alcuni dei consigli che sto per darvi. La prima cosa è quella di non andare sempre nello stesso posto, solo perché è li che andate sempre. Affezionarsi ai locali, qualsiasi essi siano, è sbagliato. È anche vero che un locale può avere dei significati sentimentali o qualcosa del genere, non parlo quindi delle ricorrenze annuali, ma della cena settimanale che potete fare senza finire sul lastrico. Cercherete quindi una trattoria non al centro della vostra città e che pratichi un menù fisso. Il prezzo di un locale di ristoro sale infatti non tanto per la qualità della cucina, ma per la zona in cui si trova. Mantenere un ristorante al centro di Roma, costa molto più di una trattoria alle porte di Genzano. Per trovare nuovi ristoranti dove andare, sarà sufficiente cercare in internet. Ci sono tantissimi siti dove sono recensiti ristoranti e trattorie, potrete anche farvi un'idea del posto e dei prezzi. Un altro metodo è quello di tenere gli occhi aperti. Quando ad esempio fate una gita fuori porta, guardatevi attorno, molti ristoranti non hanno neanche un sito web, ma questo non significa che non siano di qualità, anzi. Chiedete alla gente del luogo, loro sanno tutto. Il fatto di non trovarsi a *Frittole* per una cena, ma per un'escursione in un parco, non significa che non possiate approfittarne per scovare nuovi, buoni ed economici ristoranti. È risaputo che nei piccoli centri il costo della vita è più basso, anche il costo di un pranzo o una cena lo è. Altro metodo per risparmiare è quello di usare www.groupon.it o simili. Potete trovare cene a prezzi ottimi, più avanti spiegherò il suo funzionamento. Ci sono poi tanti casi particolari dove potete risparmiare. Ad esempio, non tutti sanno che Ikea ha un ottimo servizio ristoro. È chiaro che stiamo parlando di una sorta di mensa e non di un ristorante, di certo tra mangiare da Ikea e avere come contorno dei mobili, e il mangiare a Castel Gandolfo e avere come contorno le rive del lago, qualche differenza c'é. Diciamo che Ikea e simili li teniamo come ultima risorsa. Anche in questo caso non dovete pensare che un ristorante con un prezzo alto sia migliore di una trattoria. Personalmente detesto gli ambienti snob o troppo formali, e sono sicuro di non essere l'unico. Pagare più di cento euro a persona per farci servire ridicoli piatti dal nome francese, non deve rientrare nel nostro mondo. Ogni volta che ho parlato con qualcuno che ha voluto togliersi lo sfizio di cenare in un ristorante di lusso, ho sentito solo lamentele. Non è il nostro mondo. Quello che dovete cercare è un luogo accogliente e accessibile, fuori le zone costose della vostra città e che pratichi menù a prezzo fisso. Spesso con un solo menù si mangia in due.

Outlet

Se volete capi di marca non potete fare a meno degli outlet. Sicuramente già li conoscete, e sicuramente già ci siete stati. Oppure per pigrizia li avete sempre snobbati. Quello che molti tralasciano è però la possibilità di fare acquisti negli outlet nel periodo dei saldi e più precisamente quando stanno per finire. I prezzi già solitamente dimezzati negli outlet, rimangono comunque non troppo accessibili per molti di noi. Durante i saldi tuttavia subisco un ulteriore sconto e già questo basterebbe per fare ottimi affari. Tuttavia è bene sapere un paio di cose. Anzitutto è inutile e dannoso entrare in un outlet la prima settimana dei saldi. Primo perché c'è troppa gente e la calca non vi permetterà di fare i vostri affari con la dovuta calma, secondo, perché i negozianti, sapendo appunto che durante i primi giorni ci sarà la calca e la gente farà acquisti in modo disordinato e compulsivo, tireranno fuori dai loro magazzini il peggio che gli rimane, nella certezza di liberarsene. Una volta finiti i capi peggiori, metteranno sui loro scaffali le rimanenze delle cose migliori. Il meccanismo è semplice, avendo meno clienti, devono necessariamente offrire qualcosa di più rispetto a quando avevano più domanda. Il fatto che ci sia una crisi nelle vendite nei negozi di abbigliamento, non può che essere un punto a vostro favore.

Dalla Cina col furgone

I prodotti cinesi sono di pessima qualità, questa roba cinese non vale niente, tutto si rompe subito, ma che è cinese? Si, certo. Se guardate l'etichetta dei vostri vestiti, anche quelli di marca, vi accorgerete che metà di loro sono stati fabbricati in Cina, l'altra metà in India. L'idea comune che i prodotti cinesi siano di bassa qualità è errata. L'*Iphone* è prodotto in Cina, così come le borse *Fendi* e *Versace*. Dalla stessa fabbrica cinese escono le borse *Fendi* che finiscono sia in un negozio di via Del Corso a Roma, ad un prezzo di 800 euro, sia sulla bancarella di un mercatino di periferia a 8 euro. Il prodotto è lo stesso, forse cambia una borchia o una cucitura, ma il grosso della produzione, il grosso della lavorazione, c'è stata in Cina e nello stesso stabilimento. Ne consegue che internet brulica di negozi che vendono ottimi vestiti ad ottimi prezzi. Negozi cinesi che accettano pagamenti in euro. Non solo cose di marca, ma anche semplici capi di ottimo gusto e fattura a prezzi stracciati. Potrei darvi dei link, ma dal momento in cui scrivo al momento in cui acquisterete questo libro, molti siti saranno chiusi o cambiati di dominio. Oltretutto sono talmente tanti che è inutile mettersi a fare un elenco di link. Per cercare quello che vi serve sarà sufficiente descrivere con 3-4 parole ciò che desiderate più la parola *China*, ad esempio "women long dress china". Attenzione però alla spedizione. Ovviamente se un bel vestito da sera da donna può costare una decina di dollari, la spedizione sarà di circa 30. Quindi la convenienza, che in questo caso ci sarebbe comunque, rischia di essere minima. I costi dei corrieri espressi hanno un minimo, se dalla Cina vi deve arrivare un pacco, questo avrà sempre una tariffa minima indipendentemente dal peso e dal volume dell'imballo. Dovrete quindi ammortizzare le spese di spedizione acquistando più vestiti. Se la spedizione di base è 30 euro, aggiungendo un vestito non dovrete pagarne 60 ma 31 o 32, acquisterete quindi una decina di capi, in questo modo pagherete una quarantina di dollari che distribuiti su 10 pezzi fanno 4 dollari, una spesa sostenibile e più che buona. È chiaro che non starete sempre ad acquistare 10-20 vestiti ogni settimana. Vi converrà quindi o fare acquisti contattando qualche vostro amico o amica, o rifarvi il guardaroba per il prossimo anno. La maggior parte di questi siti infatti, ha in vendita migliaia di capi, trovare una dozzina di cose da acquistare non sarà difficile. Potrete anche approfittarne per fare magari un regalo per il compleanno di vostra sorella a natale. Aprite la vostra mente e guardate in avanti, perché ridursi all'ultimo minuto per fare gli acquisti di natale? Nel mio soppalco ci sono già impacchettati con la carta regalo dei giocattoli per i prossimi 5 anni. Regali da fare alle mie nipoti. Acquistati ovviamente da un grossista cinese.

Dovrete avere un conto *Paypal*. Acquistare con carta di credito non conviene per via delle truffe, i vostri dati possono finire nelle mani sbagliate, il bonifico bancario è scomodo e spesso la commissione della vostra banca è molto alta. Ma prima di ogni cosa dovrete verificare l'affidabilità dei negozio.

Per i più piccoli

Per i vostri figli fino ai 10-12 anni, potreste addirittura non spendere più un euro. Per i miei due figli sono addirittura in attivo. Il meccanismo è semplice: comprare e vendere, comprare e vendere, comprare e vendere. Mai accumulare. Soprattutto quando sono piccoli sarete sempre ad acquistare body, magliette, magliettine, scarpette e scarpettine. Tutte cose che il giorno dopo che avete acquistato già non gli entrano più, a questo punto solitamente finiscono in uno scatolone che finisce in un garage, dopo circa trent'anni finiscono nella spazzatura. Mia suocera ha tirato fuori dei vestiti 0-3 mesi dal soppalco, appartenevano a mia moglie, hanno quasi quaranta anni. Io nel soppalco non ho vestiti, tutti i vestiti dei bambini che sono transitati nella cameretta dei bambini, si trovano ora in giro per l'Italia. In pratica acquistiamo vestiti usati per poi rivenderli dopo qualche mese. Il prezzo di rivendita solitamente è più alto di quello di acquisto, questo perché tutte le transazione sono fate su *Ebay* e noi su *Ebay* abbiamo molti feedback. Avere molti feedback su *Ebay* è indice di serietà e affidabilità, quindi l'acquirente medio preferisce acquistare da me piuttosto che da un'altra persona. So che per molti di voi acquistare vestiti usati non è dignitoso, ma dovete mettere da parte questo immotivato orgoglio snob. Salvo infatti venditore delinquenti, il grosso dei vestiti che acquisterete (a due euro) saranno come nuovi. Una cosa è infatti tentare di rivendere il vostro maglione strausato, lo avete da quando avete baciato la prima ragazza mentre guardavate *il tempo delle mele*, avevate 16 anni e non crescevate più. Altra cosa sono invece i vestiti indossati dai bambini, che nel peggiore dei casi avete da un anno. In un anno i vestiti non si rovinano.

Dove comprare? Per esperienza, e mi rammarica ammetterlo, i venditori italiani sono mediocri, è solo da loro infatti che ho ricevuto vestitini forse troppo usati. D'altra parte, non credo di essere l'unico a compare e rivendere. I venditori inglesi invece, sono ottimi. Su decine (centinaia?) di abiti acquistati, non ho mai trovato nulla che non andasse. Oltretutto hanno anche un ottimo gusto, vestiti colorati e spiritosi, pratici e alla moda, addirittura in alcuni casi me li hanno spediti ancora con l'etichetta del prezzo. Questo perché evidentemente erano un regalo che non hanno mai sfruttato per il loro piccolo. Potreste acquistarli anche dagli Stati Uniti, ma rischiate di incorrere nel problema dogana. La dogana italiana è infatti una macchina criptica e misteriosa, la tassazione ufficiale al 20% spesso raggiunge cifre pari al 40% del prodotto senza motivo. Il problema dogana è valido solitamente solo in alcuni casi. Ho già spiegato il suo funzionamento.

Ebay

Ancora una volta dobbiamo parlare di Ebay. Un'ulteriore approfondimento non vi farà male. Partiamo quindi dal fatto che non è detto che sulla piattaforma si facciano sempre affari. Molte delle persone che fanno acquisti online, sono convinti che esista un solo sito da cui poter acquistare, appunto *Ebay*. Perché *Ebay* è controllato, è affidabile ecc. Questo è parzialmente vero. Proprio perché tutti vanno su *Ebay*, i prezzi dei negozi che si appoggiano sulla sua piattaforma, non sempre sono buoni. *Ebay* è infatti un mondo a parte che va utilizzato con moderazione. Consiglio di utilizzare *Ebay* prettamente per le aste. Con le aste potete fare degli affari. Potete fare affari anche cercando nella rete altri siti che vendono lo stesso prodotto. L'abbigliamento su *Ebay*, quando non è usato, ed è quindi un prodotto venduto da un negozio, non è particolarmente conveniente, è più facile che troviate lo stesso prodotto venduto fuori *Ebay* ad un prezzo inferiore. Considerate che *Ebay* attualmente, trattiene da ogni transazione fatta da un venditore professionale il 10% a cui si deve aggiungere il 4% se il pagamento è fatto con Paypal, arriva quindi al 14% che è una bella fetta del prezzo totale. Ad un venditore che deve liberarsi di un vestito che non indossa più, non interessa particolarmente di guadagnare il 14% in meno, ma ad un venditore professionale, che già paga un 25/30% di tasse sui prodotti che vende, perdere un ulteriore 14% non fa piacere. Ovviamente fuori *Ebay*, non c'è questo salasso, è per questo motivo che il più delle volte troverete gli stessi prodotti a prezzi inferiori.

Le aste a cui dovete partecipare, non son quindi quelle dei negozianti, ma quelle dei privati che devono liberarsi di qualcosa che hanno in più.

Regali doppi o non graditi, traslochi, sindrome da iper consumismo ecc. sono tutte cause che portano le persone a rivendersi ottimi prodotti senza pretendere grosse cifre. Solo in questo caso potete fare affari. Ciò non toglie che qualche negoziante possa vendervi davvero un prodotto al prezzo più basso del mercato. Quello che voglio che facciate, è di non chiudervi in un unico mercato. Non affezionatevi ad un venditore.

La casa

Il titolo di questo capitolo ricorda quello di molti film dell'orrore, non è un caso. In rapporto alla propria dimora abbiamo infatti il grosso delle spese che sosteniamo, solo per la casa infatti, si stima di spendere più del 30% delle proprie entrate. Sicuramente tra le spese maggiori che deve sostenere un nucleo familiare, ci sono quelle inerenti la propria casa. La principale sarà di certo quella del mutuo o dell'affitto, ci sono poi altre voci che influiscono e che sono direttamente collegate alla casa. Acquistare una casa quindi, è un passo fondamentale della nostra vita, la sua scelta non deve essere fatta senza almeno un'analisi eccellente dei dati in nostro possesso.

Il costo di un'abitazione dipende principalmente da un parametro:

Dove acquistare?

Ci sono anche altri parametri che non influiscono particolarmente sul prezzo della casa, ma che saranno fondamentali per la sua scelta, eccoli:

1. Distanza dal lavoro
2. Distanza mezzi trasporto pubblici
3. Distanza genitori e familiari
4. Distanza parchi pubblici
5. Distanza negozi, scuole, ospedali ecc.
6. Parcheggio
7. Rumorosità ed inquinamento
8. Criminalità

9. Caratteristiche interne

Andiamo con ordine.

<u>Dove acquistare?</u>

Il parametro principale da cui dipende il prezzo di una casa è dove si trova, in quale quartiere, la metratura, i servizi, lo stato (nuovo, vecchio, ristrutturato), influiscono in maniera relativamente inferiore. Ci sono zone di Roma in cui i prezzi sono completamente fuori scala. Si tratta di tutti i quartieri al centro. Si può tranquillamente pagare un milione di euro per un paio di stanze e un soggiorno, solo perché si sta a 100 metri dal *Pantheon*. A questo punto, salvo che non lavoriate nel *Pantheon*, il milione di euro ve lo potete tenere. Questo esempio serve a farvi capire che non è detto che un prezzo molto alto ne rappresenti il valore. Il prezzo alto è determinato da dei parametri che possono o meno esservi utili. Al contrario di quello che si crede, il valore di una casa è soggettivo, la domanda da porsi non è: "quanto vale?" ma: "quanto vale per noi?" . Il milione di euro lo pagate per via del prestigio, un appartamento del genere infatti, lo acquisterà il rampollo di qualche istituto finanziario che vuole fare bella figura con il suoi colleghi tedeschi. Dovrete quindi esaminare ogni aspetto che ha fatto salire il prezzo dell'immobile e valutare se è una caratteristica che vi serve.

<u>Distanza lavoro</u>

La distanza dal lavoro è fondamentale soprattutto se si vive in una grande città. Impiegare più di un'ora per arrivare in ufficio non è tollerabile. In molti ci hanno fatto l'abitudine, ma, se vi fate due calcoli, vi spaventerete. Nel grafico è indicato il tempo che passiamo in auto per raggiungere il nostro ufficio. Si parla di 400-500 ore ovvero 16-20 giorni ogni anno. Una vera follia. Se si pensa oltretutto che questo tempo ci rende più nervosi e stressati. Aggiungetevi poi il costo del carburante e la frittata è fatta. Purtroppo molti uffici si trovano al centro della città per cui vi sarà difficile acquistare a buon prezzo un appartamento vicino il vostro lavoro. Vi converrà aprirvi *google map* e testare le distanze in base alle zone limitrofe il vostro ufficio. Molto spesso infatti, non si conoscono affatto alcuni quartieri, soprattutto quando si parla di grandi città.

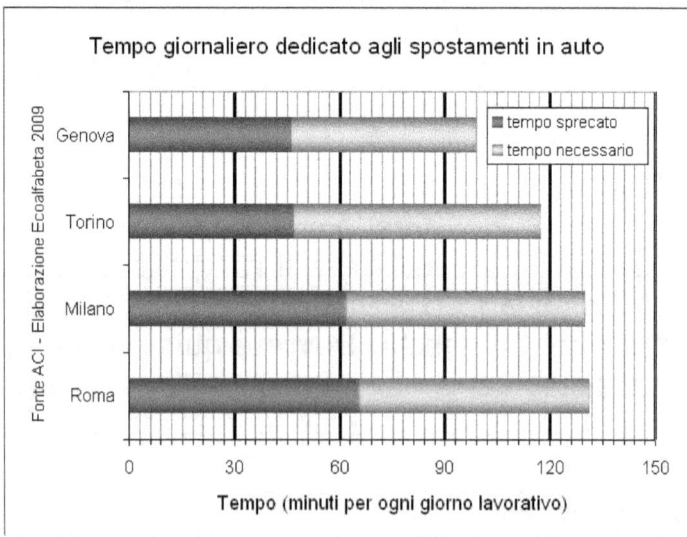

Calcolate le distanze in Km e traete le vostre conclusioni. Siti come www.icase.it mostrano su mappa la locazione esatta dell'immobile. Utilizzando quindi icase e google map e in pochi minuti avrete un'idea dei prezzi a vostra disposizione.

Distanza mezzi trasporto pubblici

Abbiamo poi i mezzi di trasporto pubblici, fondamentali sempre in rapporto al raggiungimento del vostro ufficio. La metro A di Roma attraversa completamente la città, impiega circa 50 minuti per essere percorsa completamente da capolinea a capolinea. Acquistare una casa nei pressi di una stazione, è quindi molto utile nel caso in cui anche il vostro ufficio si trovi nei pressi di una fermata. Purtroppo non sono l'unico ad aver fatto questo ragionamento e gli appartamenti che sorgono nei pressi delle metropolitane, hanno prezzi più alti. Dovrete però farvi un calcolo in base al costo che sostenete per la vostra auto, nonché i minuti risparmiati. È chiaro che se la cifra che vi propongono è comunque alta e il mutuo fuori portata, il discorso vicinanza metro non va portato avanti. Ma se con qualche piccolo sacrificio in più potete acquistarla, allora non esitate. Considerate che nel medio breve periodo ne guadagnate in tempo, salute e denaro. Considerate anche la stabilità del vostro lavoro. Se la vostra azienda rischia il fallimento, o se non avete un buon contratto di lavoro, allora rischiate di buttare via soldi. D'altra parte, con i tempi che tirano, potrete trovarvi un lavoro vicino la metro. Prendete anche in considerazione il fatto di cambiare lavoro in base a dove avete la casa, partendo sempre dal presupposto di non avere un buon contratto. Un mio amico lavorava a duecento metri da casa, durante la pausa pranzo tornava a casa a mangiare, pensate che risparmio!

Da non sottovalutare poi, anche le case fuori città ma sempre collegate con un treno. Prendiamo sempre Roma come esempio (mi dispiace se parlo sempre di Roma, ma è qui che vivo!). il treno che parte da Viterbo e arriva ad Ostiense, passa per alcune città molto interessanti. Da Anguillara Sabazia al quartiere Balduina ad esempio, ci vogliono 36 minuti. Non sono proprio pochissimi, ma considerate che:

1) Le case ad Anguillara Sabazia costano la metà.
2) C'è molta differenza tra fare 36 minuti in macchina e 36 minuti seduti su di un treno, magari a leggere un libro o a giocare con un Tablet.

<u>Distanza genitori e familiari</u>

Anche la distanza dalle persone care non è da sottovalutare. Più che altro se avete figli piccoli. Ovviamente questo parametro non farà aumentare il costo della casa. Lo farà aumentare solamente nel caso in cui avete bisogno del loro aiuto. Un genitore può aiutarvi seriamente sostituendosi a nidi e babysitter. Potrà farlo solo se non deve attraversare tutta la città per aiutarvi. Vivere lontano da loro, vi costringerà a spendere denaro per compensare il loro tempo. Vero è anche il discorso inverso. Genitori anziani avranno bisogno di aiuto. Diventerebbe complicato soccorrerli o comunque aiutarli quotidianamente, se per farlo dovrete fare 20 Km.

Distanza parchi pubblici

Da non sottovalutare i parchi pubblici. Vivere in mezzo a palazzi di 10 piani e respirare benzina non fa bene a nessuno. Accertatevi di avere del verde vicino la casa che state per acquistare. Anche in questo caso dovrete pensare al benessere di figli e genitori. La passeggiata serale tra alberi e verdi sentieri, vi farà stare meglio. Farà anche salire il prezzo dell'immobile. Quindi, in questo caso, potrete rinunciarvi solamente a patto che nei giorni liberi, facciate qualche Km in più per raggiungere quel verde indispensabile all'equilibrio della nostra mente e del nostro corpo. A volte, bastano pochi minuti di macchina per arrivare nei grandi parchi cittadini. Noterete come il rapporto tra il prezzo di una casa con un parco a 50 metri, ed il prezzo di una casa con parco a 5 Km, sia decisamente sbilanciato. Il fattore parco pubblico, fa aumentare il valore della casa di molto, se questa si trova nei suoi pressi e di nulla se questa si trova a 5 Km. 5 Km potete farli in bicicletta o in macchina in pochi minuti. La distanza però sarà tale, da non influire sul prezzo della casa, nessun venditore di case vi dirà mai che l'appartamento che state per acquistare si trova a soli 5 Km dal parco della Caffarella, 5 Km non sono un indice di benessere e funzionalità secondo un venditore, ma voi, 5 Km, potete farli tranquillamente anche tutti i giorni. Tuttavia ripeto, impiegare 2 minuti a piedi o 10 minuti in macchina, non cambieranno granché la vostra vita soprattutto perché non starete tutti i giorni a fare passeggiate. Ancora una volta ci torneranno utili google map e simili, utilizzateli per calcolare le distanze.

<u>Distanza negozi, scuole, ospedali ecc.</u>

Da non dimenticare i servizi. Anche questi fanno levitare di molto il prezzo di un immobile. Ancora una volta la proporzione non è bilanciata. Molti servizi come negozi, farmacie, ospedali, uffici postali, polizia, non sono di utilizzo quotidiano. Dire che la casa ha un valore alto perché vicino ci sono molti negozio è una sciocchezza. Primo perché voi gli acquisti li dovete fare online, secondo, perché non state tutti i giorni a compare qualcosa. L'unica spesa quotidiana che si può fare, è quella per mangiare. Anche in questo caso però, potete organizzarvi meglio e farla solo una volta a settimana. Mia madre tutti i giorni andava a fare la spesa, non ne ho mai capito il motivo. Io e mia moglie facciamo la spesa il venerdì sera, ritirando il "cassettone" al *gruppo di acquisto* e andando solitamente da *più bio* per il latte vegetale e da *Todis* per tutti il resto. Niente spese quotidiana. L'unico posto dove dovrete andare tutti i giorni, è la scuola. Di scuole ce ne sono però tante, difficilmente una scuola sarà lontana dalla vostra casa. Il problema potrebbe porsi alle scuole superiori, ma a questo punto i vostri figli, potranno prendere un autobus.

Parcheggio

Fondamentale è il parcheggio. Solitamente non è un indice di variazione dei prezzi delle case. Anche perché nelle grandi città di parcheggi non ce ne sono e quando ci sono, il prezzo non subisce variazioni. Il venditore tenderà a rimanere sul vago a proposito del problema parcheggio. Una mia collega che abita a Viale Marconi, impiega 20 minuti per raggiungere l'ufficio e altrettanti ogni sera per cercare un posto, e quando lo trova, deve camminare per un bel po' prima di arrivare a casa. Quest'indice, sottovalutato dagli agenti immobiliare, è in realtà molto più pesante di quello che sembra. Non dovete scordare, che prima di avere tanti soldi, un buon lavoro e una bella casa, è indispensabile non essere stressati, cercare parcheggio causa stress, e lo stress può uccidervi. È molto sottovalutato questo aspetto. Non è un caso se un box a Roma può tranquillamente costare 40 mila euro. Soldi che potrete risparmiare scegliendo una casa con molti posti dove poter mettere l'auto. Le uniche zone con posti disponibili sono quelle in periferia, dove non ci sono negozi e locali vari. Avendo appena detto che non avete bisogni di negozi, non esitate a scegliere una casa defilata rispetto il centro della vostra città, sempre considerando gli altri parametri elencati prima.

Rumorosità ed inquinamento

Mio padre acquistò una casa al mare per venderla pochi anni dopo. Si trovava lungo la via Ardeatina, strada che soprattutto d'estate è un continuo fare avanti ed indietro di auto, ambulanze, camion, moto da corsa, un vero incubo per le orecchie. Un'altra volta ancora, volevano venderci un appartamento dotato di uno splendido terrazzo con affaccio sul Grande Raccordo Anulare. La venditrice stentava ad aprire le finestre con triplice vetro, per paura che scappassimo via, alla fine, imbarazzata e su nostra richiesta, si decise ad aprirle, una folata di aria putrida entrò nei nostri polmoni, non avrei vissuto in quella casa neanche se ce l'avessero regalata. Anche in questo caso il prezzo dell'immobile non tiene granché conto di dove si trova. L'appartamento sul GRA, aveva un prezzo leggermente inferiore a quello di altri nello stesso quartiere a parità di metratura e nello stesso stato. Controllate bene quindi, dove andate ad acquistare, dovrete guardare non solo se l'appartamento sorge su di una strada molto trafficata, ma anche se nei pressi ci sono tralicci, ripetitori, treni e aerei (do per scontato i danni alla salute di inceneritori e discariche, statene lontani!).

Criminalità

Il fattore criminalità è da interpretare. I quartiere più malfamati hanno un indice di criminalità inferiore a quello dei quartieri più ricchi. Ovviamente un topo d'appartamento non andrà mai a rubare a casa del vicino. Quando io e mia moglie eravamo un po' esauriti e stressati, ci capitò di lasciare per ben due volte la porta di casa spalancata per tutto il giorno. Nessuno entrò per derubarci, il quartiere in cui viviamo non è di certo un quartiere chic. Tutti i casi di furti si registrano perlopiù nelle zone più ricche. Un ladro che deve entrare in un appartamento, andrà sul sicuro lì dove sa che c'è da rubare. Anche il vandalismo è più facile trovarlo in zone centrali piuttosto che nelle periferie. Un gruppo di ragazzi ubriachi che prende di mira un'automobile lanciandogli contro sassi, sarà più facile trovarlo nei pressi di pub e discoteche, piuttosto che in un quartiere dormitorio dove, a parte qualche cane randagio, altro non c'è. I casi di schiamazzi notturni, i casi di aggressione, vandalismo e furti, sono tutti riportati nella cronaca dei quartieri centrali, quelli dove c'è più vita notturna, quelli dove c'è più ricchezza. Anche in questo caso nessun venditore vi dirà mai se c'è o meno criminalità in zona. Diciamo pure che tenderà a dire che non c'è. Ancora una volta internet vi tornerà utile. Scrivete semplicemente la zona in cui state per comprare casa seguita dalla parala "cronaca" e leggete. Fate magari la prova con più zone della vostra città e traete le vostre conclusioni. Il fattore criminalità è quindi direttamente proporzionale alla ricchezza del quartiere, più ricco è il quartiere, più criminalità avrete. Un punto a vostro favore.

Caratteristiche interne

Una casa grande costerà di più rispetto ad una piccola, ma il suo costo non aumenterà in proporzione ai metri quadrati. Ad esempio, se una casa di 70 MQ costa 100 mila euro, una casa di 140 non costerà 200 mila euro, ma qualcosa come 170 o 180. Oltretutto in questo periodo, le case con 3 camere da letto non sono particolarmente richieste. Questo perché i nuclei familiare con più figli vanno estinguendosi. Di conseguenza se si vuole vendere una casa con più stanze, si dovrà fare più fatica. Dovrete quindi valutare di cosa avete bisogno, anche con un occhio al futuro. Le variabili sono tantissime e dipendono dai gusti e dalle necessità di ognuno di noi. Due camere, due bagni, ampio terrazzo, angolo cottura, cucina abitabile, camera e camerette, ripostiglio, soppalco, cantina, salone doppio, ognuno desidera una casa in modo diverso dall'altro. Fondamentalmente dovrete vederle, e vederne tante. Posso solamente consigliarvi di o acquistarla completamente nuova, mai abitata, o di acquistare una topaia e ristrutturarla. Nel primo caso avrete di certo un appartamento di classe energetica A, immacolato, con gli spazi divisi in maniera ottimale, gli impianti perfettamente funzionanti e con molta probabilità una bella terrazza. D'altra parte, costerà molto di più rispetto alla sua equivalente in metratura ridotta in pessimo stato. Una bettola invece, avrà un prezzo relativamente basso, questo perché il venditore ha escluso le spese di ristrutturazione che solitamente su 100 mq di appartamento si aggirano sui 50 mila euro. Ma voi la ristrutturazione la fate da soli e la pagate 10 volte di meno. Ristrutturare una casa è molto più facile di quello che sembra. Anche la parte dell'impiantistica e dell'idraulica, può essere appresa guardando qualche filmato e consultando qualche guida. Sono ormai in molti a scegliere questa strada. Ci sono poche cose che richiedono l'esperienza di un esperto. Montare la caldaia o il quadro elettrico principale ad esempio, è meglio lasciarlo fare a qualcun altro. Rifare i pavimenti e verniciare le pareti invece, è una cosa che potete fare voi senza problemi. È chiaro che avrete bisogno di molto tempo per farlo, ma ne guadagnerete in denaro, e, oltretutto, in esperienza. Un domani che avete un problema nella vostra casa, saprete dove mettere le mani. Le vie di mezzo invece sono scomode. Un appartamento in buono stato, ma con 20 anni di vita, non costerà come un appartamento appena costruito, ma neanche con un appartamento in pessimo stato. Il problema è che voi dovrete comunque rifarlo, anche solamente perché non vi piacciono quelle vecchie mattonelle anni 80, con fiorellini e strane figure geometriche. Per i lavoro spenderete la stessa cifra che avreste speso per rifarlo nuovo. Prendiamo come esempio proprio i pavimenti. Se sono talmente rovinati da essere bucati o avere tutte le mattonelle rotte, dovremo toglierle e sostituirle. Dovremo però sostituirle anche solo se non ci piacciono. Il tipo di lavoro è lo stesso, tempi e costi sono gli stessi. Il prezzo dell'immobile tuttavia, varierà, un appartamento in pessimo stato interno varrà molto meno, rispetto ad un appartamento vecchio ma in buono stato. Potrete anche trattare molto di più sul prezzo. Nel caso poi decidiate di farlo ristrutturare ad una società, cercate di farvi fare molti preventivi. Non fermatevi al primo, soprattutto, non fermatevi al preventivo dell'amico di vostro cugino. Mettete poi sotto forma di contratto i tempi di ristrutturazione, applicate una penale nel caso in cui questi tempi vengano sforati. Molte società di ristrutturazione *se la prendono comoda*, meglio tutelarsi.

Quartieri sopravvalutati

Da quanto scritto nei paragrafi precedenti, si evince che ci sono quartieri sopravvalutati. Il valore dell'immobile, è alto non tanto per una discorso di vivibilità, ma per motivi dogmatici. Ad esempio, prima ho citato una mia collega che vive a Viale Marconi. Parliamo di una delle zone più trafficate di Roma, smog, rumore, pochi parcheggi, mediocremente collegata, palazzine vecchie e alte, pochissimi spazi verdi. I prezzi delle case sono alle stelle. Non chiedetemi il motivo. Ci sono poi quartieri più di periferia, o poco fuori il GRA, che mantengono prezzi decisamente bassi. Ad esempio, la tanto insultata Tor Bella Monaca, in realtà non è così male come si crede. A parte qualche palazzone esteticamente sgradevole, non possiamo di certo criticarla più di tanto. Il quartiere è un quartiere relativamente povero, ma questo gioca a vostro favore, significa che i prezzi dei negozi, o di qualsiasi attività extra lavorativa, sono più bassi. Più volte ho attraversato il quartiere e non ho mai visto nulla di sgradevole. È chiaro che se vivete a Tor Bella Monaca e lavorate sulla Cassia, più che della criminalità (molto più bassa di quello che si crede), dovrete preoccuparvi dei 30 Km che vi separano dal vostro ufficio.

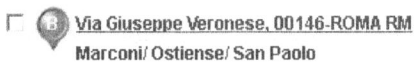
Via Giuseppe Veronese, 00146-ROMA RM   € 490.000
Marconi/ Ostiense/ San Paolo

Appartamento: 100 **Mq** 3
Appartamento in Residenziale
MARCONI BELLISSIMO DA VEDERE! - Luminoso 5 piano completamente ristrutturato con rifiniture di pregio in stabile signorile...

Planimetria

 Roma   € 199.000
Borghesiana/ Finocchio/ Tor Bella Monaca/ Torre Angela

Appartamento in Residenziale
Appartamento di mq 100 composto da ingresso, salone doppio, cucina, 2 camere, bagno e 2 balconi. Ottimo da dividere in 2 unità...

Dai due esempi riportati sopra, risulta evidente la differenza di prezzo. È chiaro che ogni appartamento va visto sia al suo interno, sia nel suo contesto. Quello che non dobbiamo dimenticare è che ogni immobile deve valere il prezzo che fa per noi, siete voi che dovete fare il prezzo. Se lavoriamo nella zona di Cinecittà, perché mai dovremo acquistare una casa a Viale Marconi pagandola più del doppio? Non sono meglio quartieri come Torre Angela, Tor Bella Monaca o Tor Vergata? Molto più vicini dei tanto distanti quanto costosi quartieri? Ricordatevi quindi, di valutare il prezzo della casa in base alle vostre necessità. Le vostre necessità principali sono quelle del lavoro e del tempo libero, due mondi interdipendenti. Quanto più lavorate, meno tempo libero avrete. Quanto più tempo impiegherete per raggiungere il vostro ufficio, più denaro spenderete e ancora meno tempo libero avete. Non fatevi prendere da stupidi pregiudizi, non fate debiti insaldabili solamente perché qualcuno vi ha detto: "che cosa? Tor Bella Monaca? Ma che sei scemo?" senza però dirvi esattamente per quale motivo vi definisce scemi. Se penso poi a quartieri come il Torrino Sud, costosissimo, con puzzo di depuratore e acqua al cloro 365 giorni l'anno, mi viene da ridere. Il quartiere costa tanto solamente perché si trova vicino l'EUR. Anche il Trullo si trova vicino l'EUR, solo che le case costano la metà. Ripeto, osservate bene le mappe, calcolate le distanze e vedete tante case.

Prezzo

Attualmente, scrivo nel novembre 2012, i prezzi delle case sono poco stabili. Nel 2006-2007 c'è stato un picco, molto alto, poi, da quel momento in poi è iniziata una discesa. Rispetto al 2007 si parla di un 8% in meno, ma da quello che ho osservato, si può arrivare anche oltre. Fondamentalmente le case non si vendono più. I motivi già li conoscete. I lavoratori non hanno contratti buoni e gli stipendi sono bassi, le banche non fanno mutui. Tutto è fermo. Fino ad un paio di anni addietro, i tempi per vendere casa erano di circa tre mesi, ora siamo passati a sei. Ho osservato alcuni immobili è li ho visti scendere a vista d'occhio, le inserzioni iniziavano da 300 mila euro, ed arrivavano a 230 per poi essere vendute probabilmente ancora a meno. I venditori per un motivo o per un altro non possono aspettare mesi, soprattutto ora che incombe una terribile IMU sulle seconde case. A questo punto avrete intuito che il prezzo indicato da un'agenzia immobiliare, è di gran lunga superiore a quello che accetterà il venditore. Sembra assurdo, ma potete tranquillamente offrire anche un 30% in meno del prezzo indicato.

Aste giudiziarie

Un settore che purtroppo sta andando sempre meglio, è quello delle aste giudiziarie. Dico purtroppo perché è così che vorrei acquistare la mia prossima casa, ma, se, sempre più persone entrano in questo mercato, avrò più concorrenza. Non posso però non parlarne. Il mattone rimane tutt'ora il miglior investimento per chi ha un capitale da investire. Aste giudiziarie, fallimenti, nude proprietà, sono opzioni con un alto indice di sicurezza e guadagno. Se abbiamo un certa urgenza, non possiamo guardare alle nude proprietà, potrebbero passare anche trent'anni prima di entrare in possesso del nostro immobile, ma le aste giudiziarie invece, sono alla portata di tutti. I ricchi hanno sparso la voce sconsigliano questo tipo di acquisto, tipico di chi vuole tenersi un mercato per se. *I tempi sono troppo lunghi, l'inquilino non vuole lasciare l'appartamento, l'ex inquilino ti farà i dispetti per tutta la vita, ma ti pare che la danno a te? non conviene, bisogna essere esperti..* tutto falso. Partecipare alle aste giudiziarie ovviamente richiede un minimo di accortezza, ma nulla di più. Ho passato molto tempo a documentarmi e non ho trovano intoppi particolari. Da un po' di tempo oltretutto, è anche possibile chiedere di vedere l'immobile prima di partecipare all'asta, cosa che rende tutta la procedura molto simile ad una normale trattativa. Ci sono anche società che fanno da tramite e si occupano di ogni aspetto dell'asta, ovviamente prendono una percentuale sulla vendita, inferiore a quella degli agenti immobiliari. Ci sono molti siti di aste giudiziarie, vi consiglio di passarci una serata per farvi un'idea dei prezzi. Ultimamente, ora che il valore delle case è diminuito, c'è meno convenienza. Attualmente potete risparmiare un 20-30% sul prezzo di mercato. Non starò qui a descrivere nel dettaglio ogni passaggio, volevo solamente mettere in luce questa possibilità di acquisto.

Casa in cooperativa

Quando ero piccolo mio padre comprò una casa in cooperativa. Fu una piccola odissea dalla durata di circa 10 anni. Un gruppo di persone ingaggiano un costruttore e questo si occupa della costruzione dell'edificio. È un po' come acquistare della frutta direttamente dal contadino prima ancora che questa cresca. Il contadino non potrà che farvi un buon prezzo. Il problema della casa in cooperativa è l'attesa. Chiaramente se avete 37 anni e volete sposarvi e mettere su famiglia, acquistare una casa in cooperativa è un rischio. Potrebbero passare troppi anni e fare i figli a 47 anni non è proprio il massimo. Il caso di mio padre è un caso raro, solitamente ci voglio dai 2 ai 5 anni per costruire un edificio. Ad un mio ex collega ci sono voluti 4 anni. Acquistarono la casa con una piccola somma, per poi versare di tanto in tanto del denaro e poi fare il mutuo finale. Il suo iter è iniziato a 23 anni. Durante la costruzione, dovrete decidere di volta in volta eventuali personalizzazioni, pavimenti, porte, finestre, servizi, sarete chiamati a decidere come personalizzarli, tutto molto divertente. L'unica nota negativa è il fallimento della cooperativa. Anche se è una possibilità remota, dobbiamo dirla. Una volta che la cooperativa fallisce, l'acquirente perde il suo denaro senza possibilità di recupero. Converrà quindi informaci bene sul dove vanno a finire i nostri soldi. A parte questa piccola nota negativa, non c'è altro da dire. Il risparmio è di almeno il 15%.

Costruire da se

Se siete giovani ed intraprendenti, ma soprattutto con molto tempo libero, la casa potete costruirvela da soli. Ovviamente non parliamo di palazzi, ma di ville fuori città. Ci sono vari modi per intraprendere questa strada, addirittura una volta sono finito su di un sito tedesco, che vendeva un kit per una villa di 100 mq, costava, se non ricordo male, una quindicina di migliaia di euro. Parliamo perlopiù di case in legno, il che, attualmente, significa avere il miglior materiale da costruzione. L'idea base è quella di ingaggiare una squadra di operai e di pagarli a giorni, il materiale di per se, non è costosissimo. In questo caso è come se voi foste un piccolo palazzinaro. Mio zio fece una cosa del genere. Acquistò un terreno e un progetto, un po' alla volta, ha tirato su una villa di 180 mq praticamente da solo. Di lavoro faceva l'assistente di volo. Ancora una volta dovete rendervi conto che alcune cose che sembrano tanto lontane, in realtà non lo sono. Il vostro tempo è denaro, le vostre capacità e il vostro impegno sono denaro. Ci sono gruppi di persone che in questo momento si stanno costruendo delle ville a schiera. Lavorano durante i fine settimana. Impiegheranno qualche anno, ma alla fine, l'avranno pagata meno della metà e avranno accumulato una conoscenza tecnica che li aiuterà tutta la vita.

Case di paglia
Meglio de legno abbiamo la paglia. Al contrario di quello che voleva farci credere la favola dei tre porcellini, la paglia è un ottimo materiale da costruzione. Ottimo isolante, facile da lavorare, bassi costi, durevole nel tempo. Esiste un'associazione che organizza corsi per la costruzione di queste case: www.laboa.org/ il sito non è molto dettagliato, bisogna contattarli. Il costo di una casa in paglia completo non supera i 900 euro al metro quadrato. Anche in questo caso potete costruire da soli, ovviamente dovrete essere assistiti da un esperto, non so se il loro corso sia sufficiente, ripeto, se siete interessati vi conviene contattarli.

Casa mobili
Una *furbata* è quella di andare a vivere in una casa mobile. Non parlo di quei camper che vedete in alcuni angoli defilati nella vostra città, ma di case di 70 mq dotate di ruote o comunque senza fondamenta. Si tratta di una struttura "facilmente" trasportabile con mezzi speciali, si usano ad esempio per i terremotati. Il vantaggio sta nel fatto che potete acquistare un terreno non edificabile a poche migliaia di euro e piazzarci sopra la vostra casa, è perfettamente legale, purché possiate dimostrare di poterla spostare. Il costo è di circa mille euro a metro quadrato. Calcolare il costo è difficile, un po' come per tutti i

tipi di soluzioni indipendenti, poiché, oltre al costo della struttura in se per se, dobbiamo poi calcolare: la fossa biologica, l'allacciamento alla rete elettrica, idrica, permessi vari, il trasporto, l'iva. Oltretutto, dobbiamo vedere poi se la casa è ben isolata termicamente. Non ho mai visto una casa mobile dall'interno, per cui, non sono in grado di giudicarla. Da quello che ho letto, pare siano case in tutto e per tutto. C'è anche un discreto mercato dell'usato. Non sono bellissime da vedere, ma vanno comunque tenute in considerazione.

Da chi acquistare
Per finire, dobbiamo parlare del nostro venditore. Quando si cerca casa la prima cosa che si fa, è rivolgersi ad un'agenzia immobiliare. L'agenzia immobiliare è meno demoniaca di quello che si crede, di buono hanno che cercano di far abbassare il più possibile il prezzo di un immobile. Più basso è, più possibilità avranno di vendere. Di brutto hanno due cose: la percentuale di vendita che si aggira intorno al 3-4 %, e la preparazione che è di basso livello. La competenza degli agenti immobiliari è di basso livello. Ragazzetti che a stento riescono a parlare decentemente, si vestono in giacca a cravatta e sperano nel colpaccio. Non so quanto possa guadagnare un agente immobiliare, immagino che abbiano un fisso basso ed una percentuale sulla commissione

dell'agenzia, se indovinano un paio di case, si fanno l'auto nuova. Una volta siamo andati a vedere un villino fuori città, il prezzo era ottimale. Il ragazzo dell'agenzia ci fa velocemente vedere la casa descrivendo l'evidente, *questa è la camera da letto e potete dormirci, questa è la cucina e potete cucinarci, questo è il giardino ed è all'aperto..* d'un tratto il proprietario della casa si mette in moto e prende la situazione sotto controllo, mostrandoci la casa. La sua esposizione fu completamente diversa, sembravano due case diverse. Vennero fuori ripostigli, soppalchi, intercapedini, un secondo cucinotto e molto altro. Sembrava una casa come tante altre, ed invece era diventata un allettante acquisto. Ho fatto questo esempio per farvi capire la differenza tra acquistare da un privato e acquistare da un'agenzia.

Per cercare la casa da acquistare potete procedere in tre modi. Come già detto, il primo è quello di entrare in un'agenzia immobiliare e parlare con gli impiegati. Dovrete dirgli il logo budget e cosa cercate esattamente. Vi faranno vedere alcune foto e vi parleranno di alcuni appartamenti, quelli di vostro interesse li andrete a vedere. Il secondo modo è ovviamente internet. Ci sono un'infinità di siti con inserzioni, i principali sono casa.it e immobiliare.it ma l'elenco è lunghissimo. Potreste passare giorni a leggere tutti gli annunci. Il terzo modo è quello di leggere gli annunci direttamente dalla strada. Fatevi una passeggiata nel quartiere di vostro interesse, guardatevi intorno con attenzione, vi accorgerete che ci sono dozzine di cartelli con la scritta *vendesi*. Segnatevi il numero di telefono e chiamate per fissare un appuntamento. A questo punto dobbiamo passare dall'altra parte: come vendere casa.

Vendere casa

Vendere casa è un po' come vendere qualsiasi altra cosa. Quanto più tempo gli dedicherete, più ne guadagnerete. Anche in questo caso il primo impulso è quello di affidarsi completamente ad un'agenzia immobiliare. Il che non è una cosa sbagliata, non posso negare che le agenzia abbiamo più possibilità di pubblicizzare l'immobile. Ricordatevi però, quanto detto nel paragrafo precedente. Personalmente la prima casa l'abbiamo venduta da soli. In questo modo abbiamo potuto permetterci di gestire come desideravamo il prezzo. Le azioni da fare non sono molte. Dovrete anzitutto fare delle foto e magari anche un video della casa, come avrete notato, le agenzie non si sprecano più di tanto, e si limitano a pubblicare una mezza dozzina di foto, a volte neanche quelle. Voi dovrete farne almeno una dozzina, alla gente piace vedere le foto. Create una casa da rivista prima di fotografarla. Evitate il flash, usate la luce del giorno, gli spazi dovranno essere sempre ampi, se avete un grand'angolo usatelo, non fotografate un dettaglio del vostro bellissimo letto *Cantori*, a meno che non vogliate venderlo. Vi serve poi una descrizione, anche in questo caso le descrizioni delle agenzie sono scarne ed incomplete, fanno perdere solo tempo. Voi dovrete fare una descrizione il più dettagliata possibile. Oltre a descrivere gli spazi, dovrete descrivere la zona in cui è situata, i servizi, i collegamenti, la vivibilità in generale, oltre al tipo di palazzo, la presenza dell'ascensore. Cercate di non mentire, è inutile dire che è molto grande se avete solo 60 mq, farete perdere tempo agli acquirenti e soprattutto lo perderete voi. Piuttosto sottolineate i pregi. Se avete una bella vista, non limitatevi a dire *luminosa*, arricchite l'inserzione con frasi del tipo: *non dovrete mai accendere la luce! splendida vista, ampio affaccio, dalle finestre si vede.. nessun vi guarda dentro casa ecc..*

Raccolte le foto e fatta la descrizione, non vi resterà altro che pubblicarle su più siti. A parte casa.it che è a pagamento, tutti gli altri sono gratuiti. Valutate comunque l'utilizzo di casa.it, non ricordo il costo, ma considerate che è il più cliccato, cercate di non essere avidi. Acquistate un cellulare ed una sim, i più economici possibili, ci sono cellulari a 10 euro. Nelle inserzioni vi sarà chiesto di inserire un numero di telefono, vi chiameranno più che altro gli agenti immobiliari della vostra zona, vi proporranno di vendere tramite loro, saranno piuttosto assillanti ed insistenti, a volte maleducati. Per questo motivo il vostro numero di telefono è meglio che ne rimanga fuori. Nei siti vi verrà chiesto di inserire anche una e-mail di contatto, potreste crearne una nuova, ma lo sconsiglio, una cosa è essere assillati via telefono, altra cosa è via mail. Ricevere tre telefonate non gradite al giorno è fastidioso, ricevere tre mail non gradite è normale. Ora dovrete aspettare di essere contattati.

Cercate di essere il più disponibili possibili. Cercate di avere una buona flessibilità di orario. La gentilezza e la disponibilità saranno il vostro benvenuto. Trattate il potenziale acquirente come se fosse un vostro caro amico, offrite da bere e mangiare, fatelo accomodare, siate dei bravi chiacchieroni e soprattutto ascoltatori. Cercate di far durare la visita il più allungo possibile, fategli respirare l'aria di casa vostra. Tutte queste cose non sono solo formalità, ma servono a far rimanere impressa la vostra casa al visitatore. Gli agenti immobiliari hanno un appuntamento ogni 30 minuti solitamente, per questo motivo le visite alla case sono una sorta di toccata e fuga, in questo modo non rimangono impresse agli acquirenti. Nel vostro caso invece, potete prendervela comoda. È chiaro che se la vostra casa non è neanche lontanamente di interesse, per magari questioni economiche o di spazi, allora potete fare tutte le carinerie che volete, ma non serviranno a nulla. Entrare in confidenza significa condividere, interagire, creare una relazione, l'acquirente potrà addirittura sentirsi in debito per tanta ospitalità, e, a livello inconscio, sentire il bisogno di contraccambiare in qualche modo.

Inutile dire, che dovrete tenere la vostra casa come la foto di una rivista di arredamenti, impeccabile. Sporcizia e oggetti fuori posto non sono tollerabili. Avere degli animali potrebbe non giocare a vostro favore. Una musica rilassante come sottofondo è cosa buona.

Conclusione

Questo capitolo è il più lungo del libro, ma potrebbe essere anche il meno utile. Tutto alla fine dipende dal capitale a vostra disposizione e dal potere d'acquisto. Se non avete un capitale iniziale e se non vi danno un mutuo perché non avete un buon contratto di lavoro, tutto quanto detto diventa inutile. A questo punto posso solo consigliarvi di evitare a tutti i costi di finire in affitto. Affittare un appartamento è come bruciare denaro, non vi rimane niente. Esistono monolocali openspace di 30/40 MQ in periferia che costano tra i 50 ed i 70 mila euro. Vi basta quindi avere qualche migliaio di euro da parte e chiedere un prestito per acquistarli. So che la periferia può non piacere, so anche che 30 MQ sono pochi. Ma vedetelo anche come un investimento e soprattutto come un'avventura. Dopo qualche anno potrete estinguere il piccolo mutuo ed acquistare un altro immobile un po' più grande e costoso. Andate avanti così finché non trovate la vostra dimora finale. Vi sto parlando di una coppia che ho conosciuto, a 40 anni avevano cambiato casa 3 volte. Erano partiti da 0, niente liquidazione dei genitori o eredità di nonni, solo qualche risparmio ed un lavoro mediocre. Un'altra coppia di sciocchini, per non dire altro, è riuscita a bruciarsi 600 mila euro derivati dalla vendita di due case appartenute ai genitori. Tutto per finire in una zona prestigiosa di Roma, un mediocre primo piano di 90 MQ ora svalutato. Con 600 mila euro dovrebbe scattare l'investimento. Una casa per noi e l'altra in affitto. Ma queste sono le basi della finanza e non vale neanche la pena citarle.

Consigli pratici

Canone rai

Il primo taglio che potete fare alle vostre spese è quello del canone rai. Non starà qui a fare copia/incolla dalla decine di siti che vi spiegano come fare, vi basterà fare una ricerca su google e usciranno decina di risultati. Sappiate che è perfettamente legale, io l'ho fatto.

Lezioni di gruppo

Se volete prendere delle lezioni di inglese, per voi o per i vostri figli, non passate per degli istituti privati, contattate altre persone interessate, magari tre o quattro, e affittate un insegnante. Fatelo poi venire a casa vostra. Il costo sarà notevolmente più basso. In questo modo, avendo un rapporto diretto con l'insegnante, avrete diversi vantaggi. Potrete meglio contrattare sul prezzo, sui giorni e sugli orari, spostare eventualmente un giorno, eviterete di fare troppo viaggi per raggiungere la scuola, insomma, sarete voi stessi la scuola. Così come per l'inglese potrete organizzarvi in ogni campo. Potreste affittare un maestro di chitarra, uno di yoga, fitness e qualsiasi altra cosa desiderate, spazio e strumenti permettendo. Non credo possiate ingaggiare un maestro di nuoto, a meno che non avete una piscina.

Mercatini usato

Non dimenticate di farvi un giro nei mercatini dell'usato della vostra zona. Sempre pieni di oggetti utili ed interessanti, offrono molte sorprese. Sono sorti come funghi negli ultimi anni, per un motivo o per un altro, sempre più persone non buttano più quello che hanno, ma cercano di rivendere. In particolare, se vi capita, andare nei mercatini delle zone più ricche della vostra città. Il motivo è ovvio, se in un mercatino della *Borghesiana* (estrema periferia di Roma) al massimo potete trovare una vecchia plafoniera di *Ikea*, nel quartiere *Prati* invece, potreste trovarci un lampadario in vetro di *Murano*.

Vacanze dove

Andare in vacanza in alcune zone d'Italia è inaccessibile economicamente. Alcuni stabilimenti hanno dei parcheggi che arrivano a costare 15 euro al giorno. Anche l'affitto delle case raggiunge prezzi surreali. Così come accade per le case da acquistare, anche per le vacanze, molto dipende da quello che nel corso degli anni è arrivato a far parte dell'universo culturale della gente. In pratica il costo di un villaggio, un albergo o una casa, non corrisponde a quello che in realtà offre. Anche in questo caso saranno google e google map, ad aiutarci a trovare un luogo bello ed economico in cui trascorrere le nostre meritate vacanze. Potete procedere in due modi. Il primo è quello di cercare una località vicina a quella desiderata. Affittare una casa a *Sperlonga* è proibitivo, affittarla a *Fondi* decisamente economico. *Fondi* dista circa 15 minuti da *Sperlonga*. 15 minuti per arrivare in spiaggia non mi sembra essere un tempo eccessivo, soprattutto quando potete risparmiare la metà. Il rapporto tra il "disagio" della distanza e il guadagno economico è a vostro vantaggio. Il secondo modo è quello di scovare una nuova meta turistica con tutto ciò che desiderate, ma perfettamente sconosciuta alla gran parte delle persone. Non è facile, ma grazie ad internet, potete ricercare e trovare tutte le informazioni che desiderate. Foto, video e commenti non mancano. L'unico problema è che dovrete passare molto tempo a fare le vostre ricerche, prima di trovare quello che fa al caso vostro. All'albergo vi conviene preferire un residence o una casa vacanza, o una casa punto. Avrete più spazio e spenderete meno. Quello che dovete fare è cercare una casa da affittare da un privato. Una casa in una campagna vicino al mare o insomma li dove volete passare le vacanze. Quanto più sarà defilato il posto, meno spenderete. Ricordatevi di capire cosa esattamente volete dalle vostre vacanze. Rimini è famosa per i suoi locali e le sue discoteche, ma il mare è un disastro. Dovete essere voi a scegliere la vacanza e non la vacanza a scegliere voi. L'ultima volta ho scorso tutta la costa della Calabria su google map, prima di trovare un posto che mi piaceva. Dalle foto satellitari è possibile vedere il tipo di spiaggia e molti altri dettagli interessanti. Se volete un villaggio sulla spiaggia, sarà sufficiente fare come ho fatto io. Molte strutture non sono ben pubblicizzate, ma hanno molto da offrire. Trovare una vacanza diventa una sorta di piccolo lavoro. Fossilizzarsi sul solito posto, non è consigliabile, a meno che non abbia tutti i requisiti che desiderate. Alla base di questo libro c'è la ricerca di informazioni, anche per le vacanze dovrete comportarvi allo stesso modo. Andare in un'agenzia di viaggi e farsi consigliare, non è mai una cosa buona, non avranno mai qualcosa ad un buon prezzo, a me no che non sia un last second, un vero last second.

Tenete in considerazione anche l'estero. Posti come la Croazia e le isole greche offrono davvero ottimi scenari. Anche in questo caso dovrete essere abili a trovare dove soggiornare. Un mio amico tramite una serie di contatti, arrivò ad un fantastico isolotto greco abitato solamente da qualche pescatore. Lui ed alcuni suoi amici affittarono una casa a pochi euro, mangiarono pesce quasi tutti i giorni andando nell'unico ristorante dell'isola, il costo di una cena completa era di 5 euro. Chiaramente questa è una vacanza per chi vuole solamente rilassarsi. Anche il Mar Rosso è una meta da non sottovalutare. Dall'Italia sono solamente 3-4 ore di volo. Il mare è favoloso. Le spiagge ampie. Attenzione a non andare a *Sharm el Sheik*, pare che la barriera corallina abbia subito troppi danni. Optate per andare più a sud, *Hurghada* o *Marsa Alam* ad esempio. Per il Mar rosso potete trovare offerte molto vantaggiose. Una delle offerte più interessanti è la *formula roulette.* Significa che non scegliete voi la struttura in cui soggiornare, ma il tour operator all'ultimo secondo. Una settimana *all inclusive* può arrivare a costare anche meno di 100 euro. Tutte le strutture sono *all inclusive* o al massimo pensione completa, tutte le strutture sono 4 o 5 stelle. Significa che una volta arrivati nel villaggio, non dovete più spendere un solo euro.

Vacanze quando

Poter essere liberi di partire quando si vuole è un lusso che non tutti hanno. Chiaramente, se lavorate in un ufficio che chiude dal 4 al 28 agosto, difficilmente vi daranno le vacanze in un altro periodo dell'anno. Al massimo vi daranno una settimana. Se invece potete andarci quando volete, allora optate per mesi come giugno e settembre o addirittura maggio e ottobre. L'ideale sono le prime due settimana di giugno. Adoro giugno. Caldo fa caldo, le giornate sono lunghissime, (il solstizio come sapete c'è il 21 giugno) i prezzi sono ancora bassi, le località turistiche ancora non sono stracolme di turisti, e negli uffici si lavora ancora tanto. Al contrario, il tanto gettonato agosto, è eccessivamente caldo, hai i prezzi alle stelle, le località di vacanza sono invivibili tante sono le persone.

Attenzione ai last minute, perlopiù sono finti. Il last minuti nasce nelle compagnie aeree per svendere i posti lasciati liberi. Un aereo che deve partire, partirà anche con metà dei posti liberi, a questo punto, poche ore o giorni prima della partenza, inizia a svendere i biglietti. Il caso degli aerei è logico, che il posto per il passeggero sia occupato o meno, alla compagnia aerea cambia davvero poco. Il biglietto quindi lo può anche regalare. Quello che non ho mai capito, è come può essere fatto lo stesso discorso per un albergo che offre la pensione completa. A questo punto ho fatto delle indagini raccogliendo vari prezzi, e sono arrivato alla conclusione che più che di offerte last minute, possiamo parlare al massimo di offerte e basta. Se l'albergo offre solo il soggiorno, allora può essere una vera offerta, altrimenti non fatevi prendere in giro da quella barra rossa posta sul prezzo, è solo una patetica strategia di vendita. Barrare un 900 euro e scriverci sotto 799 è ridicolo. Ci sono solo 101 euro di differenza, che last minute sarebbe? Eppure internet brulica di questo tipo di offerte. Osservate attentamente tutti i prezzi che vi capita di leggere, sinceramente non ho mai trovare un vero last minute.

Sposarsi

Lucrare è un'attività estremamente diffusa e redditizia. Attorno ai matrimoni c'è tutto un mondo che in molti hanno conosciuto, ma che in pochi hanno analizzato. Ho qualche consiglio da dare. Le spese principali sono quelle dell'abito da sposa, del ristorante e del viaggio di nozze. C'è chi dice che per sposarsi non si deve badare a spese, lo dice più che altro chi evidentemente non ha problemi economici. Un abito da sposa può tranquillamente arrivare a 15 mila euro, un vero furto. È un po' come quando si acquista un abito firmato. 15 mila euro è lo stipendio di un anno di lavoro. pensate che la sarta abbia lavorato per voi 8 ore al giorno per 12 mesi? O pensate che i materiali utilizzati siano tanto costosi? Lucro, puro e semplice. Potete acquistare un abito da sposa per poche centinaia di euro. So che siete prevenuti, ma devo dirvelo lo stesso. Andate su www.aliexpress.com e scrivete wedding dress. Usciranno fuori 560 mila inserzioni (561,960) con abiti da sposa dai 50 ai 200 dollari, spedizione gratuita.

Free Shipping
Amanda Wyatt 2011
Bridal Collection
Empress Wedding
Gowns Prom Dresses
Ball Gown Celebrate
Party Dresses
US$ 163.99/piece

Free Shipping Style
2175 Wedding
Gowns Prom Dresses
Ball Gown Celebrate
Party Dresses
US$ 129.99/piece

Free Shipping Style
2170 Wedding
Gowns Prom Dresses
Ball Gown Celebrate
Party Dresses
US$ 158.99/piece

Free Shipping
Brianna A3398
Wedding
Dresses/Gowns Prom
Dresses Ball Gown
Celebrate Party
Dresses
US$ 176.88/piece

Posso assicurarvi che non parliamo di abiti di cartapesta. Se avessi conosciuto prima aliexpress, avrei risparmiato sull'abito di mia moglie e avremo preso un vestito più bello. L'unica cosa da fare, sono ovviamente gli aggiustamenti dalla sarta, ma quelli dovrete farli in ogni caso. Dove pensate che sia stato fatto l'abito da 15 mila euro? La manodopera ormai è tutta all'esterno, nei paesi dell'est, India, Cina ecc. il costo è basso perché le stoffe più di tanto non costano, tutti il lavoro è un lavoro di manodopera, ma come sapete la manodopera il quei paesi costa circa un dollaro al giorno.

Per quanto riguarda il ristorante, potete risparmiare un 20/30% sposandovi non di sabato o domenica ma durante la settimana. Il discorso è sempre lo stesso, un costo, oltre che dalla qualità e quantità, dipende da tante altre cose, una di questa è la richiesta. È chiaro che se tutti vogliono sposarsi di sabato e domenica, i ristoranti avranno sempre le sale occupate in questi giorni, ma non negli altri. È un po' come il discorso dei last minute, avendo un sala libera, piuttosto che non guadagnarci nulla, tanto vale guadagnarci poco. Un pranzo da matrimonio arriva a costare tranquillamente 100 euro a persona, sposandovi durante la settimana spendereste 70/80 euro, che sono comunque una cifra altissima. Dire che un ristorante ci guadagna poco quando gli invitati sono magari un centinaio, mi sembra una barzelletta. Tuttavia non scenderanno oltre questo 30%. Non per altro, ma perché voi quando andrete da loro, avrete già deciso la data del matrimonio. La cosa buffa, è che se andate in un ristorante senza parlare di matrimonio o cerimonia, solitamente hanno comunque un prezzo fisso magari a 40 euro. Il menù è lo stesso che userebbero per una cerimonia, due primi due secondi ecc. quindi, raddoppia o addirittura triplica. Quando abbiamo fatto il primo rito per la nascita di mio figlio, abbiamo scelto un agriturismo. il posto era molto bello e all'ingresso c'era un menù fisso a 25 euro.

Il costo dei pranzi per i battesimi tuttavia era di 65 euro. Ma che cambia? A parte i segna posto nulla. Quando abbiamo chiesto di prenotare la sala per il pranzo, ci hanno chiesto per cosa fosse, alla nostra risposta i 25 euro erano quasi triplicati," Veramente noi volevamo il menù fisso che avete all'ingresso", rispondiamo. Ne segue una discussione surreale, alla fine della quale hanno acconsentito al menù fisso che avevanoin esposizione. Bisogna avere quindi un po' di coraggio e apertura mentale. Uscire fuori dagli schemi e combattere con le armi del ristoratore. Con 80 inviati abbiamo pagato 2000 euro invece di 5200 (che non avremmo potuto permetterci).

Per il viaggio non posso dirvi molto. Se sognate di andare a New York e l'aereo per New York è costoso, di certo non posso dirvi di andare in viaggio di nozze a Riccione così risparmiate. Magari, fatevelo pagare dai vostri amici e parenti. Piuttosto che fare una lista di nozze piena di cianfrusaglie che non userete mai o di cornici d'argento che neanche vi piacciono granché, aprite una lista in un'agenzia di viaggi e fatevi mettere delle quote dagli invitati.

Cambiare gestori

Quest'anno ho cambiato assicurazione. Nonostante la classe si fosse abbassata, il suo costo era aumentato. Il fatto è che il primo anno, gestori telefonici, assicurazioni e utenze, offrono al cliente prezzi vantaggiosi, un po' alla volta il vantaggio scompare e vi ritrovate con tariffe scomode. Tenete quindi sotto controllo questo tipo di spese, vi accorgerete che l'assicurazione che il primo anno vi faceva un'ottima offerta, quest'anno è rientrata nella media nazionale. Anche per il traffico telefonico vi conviene cambiare spesso, soprattutto se usate di frequente il telefono. Le offerte che mostrano negli ossessivi spot televisivi, sono reali. Il problema è che non sono ferme nel tempo e quando scadono arriva la mazzata. Per lo stesso motivo tenetevi le tariffe che avete se le considerate vantaggiose. Da qualche tempo anche società come ENEL o altri gestori, pubblicizzano delle buone tariffe. Il problema è che poi queste offerte scadono e voi, che avete cambiato contratto, rimpiangete la tariffazione che avevate prima. Controllate quindi, non solo il prima e il durante, ma anche il dopo.

Macchine utili per la cucina

Un po' di risparmio potete averlo anche acquistando delle macchine da cucina. Sicuramente la più utile è la macchina del pane. Può essere acquistata tra i 50 ed i 200 euro. Il risparmio è del 50% circa. Significa che se pagate il pane un euro, utilizzando una macchina per farvelo da soli, spenderete 50 centesimi. Alla lunga dopo circa un paio di mesi, sarete rientrati della spesa iniziale. Il pane prodotto dalle macchine, non è uguale a quello che acquistate, ha più la forma, il sapore e la consistenza, del *pancarrè*. Per molti è un difetto, per altri, me compreso, un pregio, lo trovo decisamente più buono. Oltretutto acquistando la materia prima da voi, saprete con esattezza se state mangiando un prodotto sano o no. Abbiamo un macchina per fare ogni cosa. Anche l'affettatrice di salumi vi offrirebbe un netto risparmio rispetto ad un salume già tagliato. Abbiamo poi la macchina per fare il latte vegetale, ottimo sostituto di quello di mucca, che oltretutto fa male alla salute. La centrifuga per le spremute, macchine per fare il gelato, la pasta, guardandosi attorno potete trovare una macchina per fare ogni cosa. La mia preferita è la macchina per il pop corn, pagata una quindicina di euro, protagonista di splendide serate al cinema. Non potete acquistarle tutte, dubito che ne abbiate lo spazio, scegliete magari quelle che pensate potrete usare di più. Farsi le cose da soli è il classico modo per risparmiare.

No paytv ma PC

Per anni non ho avuto l'antenna per la TV. Per problemi tecnici (facilmente risolvibili) non era mai stata installata. Semplicemente non ne sentivamo il bisogno. Piuttosto che acquistare abbonamenti e card, installatevi un software come emule o torrent e iniziate a scaricarvi tutto il mondo. È illegale? Si ma no. Tempo fa la cassazione emise una sentenza, dove si dichiarava che era lecito il download dei film dotati di copyright ma non il lucro su di essi. In pratica se il film o il brano scaricati, non venivano rivenduti in alcun modo, ma semplicemente tenuti sul proprio PC e cancellati dopo 24 ore, allora non sussisteva reato. Era però una decisione specifica per un caso. Non tutti i casi sono uguali. Il punto è che alle case di distribuzione non conviene fare causa ai milioni di utenti che quotidianamente scaricano video e musica. Una denuncia deve arrivare ad un giudice, il quale, prima di arrivare alla sentenza, dovrebbe far passare mesi oppure anni. Il tutto costerebbe secoli di tempo e milioni di euro a tutte le parti in gioco. Sono nel mio palazzo servirebbero una dozzina di cause. Pensate che hanno impiegato anni per far chiudere *megavideo*, il più grande sito di video sharing del mondo, palesemente illegale, c'è voluta l'FBI, il proprietario, milionario, famosa la sua collezione di Ferrari, a distanza di qualche mese ha annunciato la riapertura. Gli è bastato collocare i server in uno stato dove la legge non vieta il tipo di siti come *megavideo*.

Vedere i film sullo schermo di un PC non è però il massimo. Dotatevi quindi di un cavo che esce dal vostro PC ed entra nella vostra TV. Vi assicuro che vedersi un film senza pubblicità ed in alta definizione, non è per nulla male. Se poi li cancellate subito dopo averli visti, allora anche quella remota possibilità di essere denunciati scompare. In questo momento ci sono anche alcuni siti discendenti di *megavideo*, uno di questi si chiama *cacaoweb.it*, permette lo streaming del film, in pratica mettete in play sul sito e vi sedete sul divano. La qualità dei video è ottima.

Parrucchiere cinese

Mio nonno paterno era un marittimo. Ha passato gran parte della sua vita su di una nave, toccando tutti i continenti. Ogni paese aveva le sue qualità, in Cina, c'erano i migliori barbieri del mondo. Come tagliano loro i capelli non li taglia nessuno. Ogni volta che ci andava, si tagliava i capelli. Da qualche tempo nelle città sono nate botteghe di acconciatori per uomini e donne. Il problema non è tanto per gli uomini, ma per le donne. Un taglio da uomo, può costare dai 10 ai 30 euro, raramente di più. Per le donne invece, si arriva tranquillamente sopra i cento. Nei parrucchieri cinesi, il prezzo non supera i 30 euro anche per le donne. Anche in questo caso non bisogna farsi prendere da pregiudizi. Eleganti coiffeur dai rassicuranti nomi italiani, non sono migliori dei precisi ed economici cinesi. Ricordatevi che l'abito non fa il monaco. Ho visto donne entusiaste e con un sorriso smagliante, uscire da un parrucchiere cinese, acconciature moderne ed eleganti create da operai dei capelli. L'unica pecca, è che non potete prenotare per telefono. Non sono l'unico che si è accorto della loro qualità, per tanto, in alcuni posti rischiate di fare la fila.

Mangiare gratis nei ristoranti

Questo qui è un trucco un po' immorale ma non illegale. Prima di sposarsi, si sceglie il ristorante in cui andare dopo la cerimonia. Ci sono tantissimi ristoranti di ottima qualità e dal prezzo molto alto che hanno sale adatte per i ricevimenti. Quando vi faranno la proposta con il menù e il costo, vi offriranno anche una cena di prova gratuita. Una sorta di assaggio prima di decidere se accettare o meno il ristorante. Significa che potete fare tutte le cene di prova che volete, una per ristorante, senza mai sceglierlo, anche perché già siete sposati o magari non ci pensate minimamente al matrimonio. Ovviamente dovrete andarci solo accompagnati da un partner di sesso opposto. Considerate che parliamo di ristoranti da circa 100 euro a menù, non un trattoria di borgata. Personalmente l'ho fatto una sola volta per errore, avevamo scelto un ristorante, ma poi, per un problema, abbiamo dovuto cambiarlo. Nel frattempo avevamo usufruito della cena di prova. Di conseguenza, avendoci offerto anche l'altro ristorante la cena di prova, ne abbiamo fatte due. Riflettendo, è uscito fuori che avremo potuto usufruire di tutte le cene di prova che ci avevano offerto. Consultammo infatti una mezza dozzina di ristoranti prima di scegliere il migliore. Se devo essere sincero, non ho mai usufruito di questo trucco, non ho il carattere per una cosa del genere, non ho il coraggio. Se volete però divertirvi, mangiare bene, e spendere 0, allora buttatevi!

Dichiarazione dogana

Esiste un piccolo trucco illegale che alcuni adoperano. Non io ovviamente, ve ne parlo solo per curiosità, non mi aspetto che lo facciate e non voglio che lo facciate. Alcuni acquirenti contattano il venditore prima dell'acquisto chiedendogli di indicare nella bolla di accompagno, un valore nettamente inferiore a quello che voi state per pagare. Se il costo è di cento euro, magari chiedono di dichiararne una decina. Se il prodotto non rientra nelle liste dei doganieri, allora nessuno sarà in grado di capire il vero valore del vostro acquisto, di conseguenza il costo dello sdoganamento sarà molto più leggero del dovuto. Ovviamente se state importando un Iphone, non potrete dichiarare venti euro, poiché l'Iphone ha un valore dichiarato e registrato nelle tabelle della dogana. Una volta per non pagare i dazi si usava scrivere "gift" (regalo) sul pacco, ma non c'e' voluto molto per rendere vana questa pratica. Quando metà delle spedizioni riportavano questa dicitura, alla dogana è venuto un dubbio e hanno iniziato a tassare anche i presunti regali. Qualcuno usa ancora scriverlo, ma raramente serve a qualcosa. Le merci il cui valore dichiarato è sotto i 12 dollari, non sono soggette ad imposte. Questo è un vantaggio non solo per via delle tasse di sdoganamento e dell'iva aggiunta, ma anche perché vi arriva prima. Nel momento in cui un prodotto arriva in Italia, passa per la dogana, se alla dogana devono applicare i dazi, impiegheranno alcuni giorni. I giorni diventano settimane se il corriere usato è l'equivalente delle nostre poste italiane, come la Hong Kong post cinesi, oppure le USPS (U.S. Postal Service) americane. I corrieri privati come UPS, TNT o

DHL, hanno una loro dogana interna e arrivano prima anche in caso di sdoganamento.

Autostop, Carpooling e Car Sharing

Con l'aumento dei costi dei carburanti, sempre più spesso si sente parlare di Autostop, Carpooling e Car Sharing. L'idea è buona ma all'atto pratico non è facile trovare qualcuno che faccia il nostro stesso percorso. Vale comunque la pena controllare sui molti siti che sono usciti negli ultimi anni. Scrivete le tre parole nel motore di ricerca e controllate i siti che escono fuori. Personalmente vado a lavorare con un mio collegato. Vive a 800 metri da casa mia, a volte passo io a volte passa lui. Se lavorate in un ufficio grande, dove magari non conoscete tutti i dipendenti, ma sapete che fanno i vostri stessi orari, non esitate a cercare qualcuno che vive nella vostra stessa zona, o che nel tragitto che fa per arrivare in ufficio, passa dalle vostre parti. Il carpooling è molto usato anche per i viaggi lunghi ad esempio da Milano a Roma. Date sempre un'occhiata a questo tipo di siti prima di partire per un breve viaggio.

Siti utili

Vi elenco una serie di siti che sicuramente saranno di vostra utilità. Non è tanto il sito in se per se ad esservi utile, quanto la sua tipologia. Come avete capito dalla lettura di questo libro, in questo momento storico, l'unico modo per sopravvivere dignitosamente, è una sufficiente conoscenza di internet. Non è quindi tanto il "so dove cercare" ma il "so cosa cercare". I siti nascono e muoiono, le idee invece sono eterne. I siti che vi elenco non sono importanti in se per se, lo sono per la categoria che rappresentano.

www.aliexpress.com

Il mio sito preferito. Si tratta di un grande portale di prodotti all'ingrosso o comunque a buon prezzo. Trovate di tutto, dalle matite ai cellulari di ultima generazione. È perlopiù un mercato parallelo. Difficilmente troverete prodotti della Apple, troverete piuttosto, l'equivalente di un Iphone ma ad un quinto del suo prezzo. È un sito che vende *cineserie*, attenzione perché il termine *cineseria* è usato con disprezzo, ma posso garantirvi che la qualità dei prodotti non ha nulla da invidiare alle grandi marche. È chiaro che se pagate un cellulare 15 dollari con spedizione gratuita, non potete aspettarvi di ricevere qualcosa di gran valore. Solo con l'esperienza capirete qual è il prezzo giusto di un prodotto in rapporto alla sua qualità.

www.centrovolantini.it

Pubblicano i volantini dei negozi e supermercati più conosciuti. Da consultare di tanto in tanto prima di fare la spesa.

www.comilva.org

Coordinamento del Movimento Italiano per la Libertà di Vaccinazione. È un'associazione scomoda poiché informa la gente sui possibili danni da vaccino. In internet troverete sempre una voce che corre contro l'opinione pubblica corrente. Se avete dubbi su di un qualcosa, se avete sospetti, se avete delle idée, sappiate che probabilmente non siete soli.

www.facile.it

Vi permette di consultare più offerte contemporaneamente. Molto utile per mutui e assicurazioni.

www.groupon.it

E' stato il primo a nascere nel suo genere. Grazie alla forza del potere d'acquisto, è possibile acquistare servizi a buon prezzo. Fate sempre attenzione a valutare se avete davanti una vera offerta o solamente un abbaglio. In particolare, ho notato che tutte le offerte di elettronica o comunque prodotti materiali, non sono vere offerte. Anche i soggiorni offrono sconti interessanti ma nulla di più. Ad essere vantaggiosi, sono tutti i servizi di tipo centro benessere.

www.prezzibenzina.it/

Come si capisce dal dominio, in questo sito avete i prezzi dei carburati della vostra città. Chiaramente non sono disponibili tutte le pompe di benzina d'Italia, ma è comunque molto utile per scegliere quella più economica e più vicina a dove vi trovate. Soprattutto per chi compie molti chilometri l'anno, è assolutamente un sito da tenere costantemente sotto controllo.

http://servizi.aci.it/CKInternet/SelezioneModello

Prima di acquistare un'automobile, indipendentemente dal prezzo, dovrete capire qual è il suo costo chilometrico. Molte vetture hanno prezzi bassi all'acquisto, ma poi, tra tagliandi, bolli, revisioni e soprattutto, quanti litri "bevono" per ogni Km percorso, rischiano di diventare delle spese insostenibili. Molti ragazzi acquistano vetture sportive usate a buon prezzo, ma poi, le rivendono poco dopo perché non riescono a pagarle nel quotidiano.

http://www.stockfallimentioccasioni.com

Questo è uno dei tanti siti da tenere sotto controllo se avete intenzione di diventare piccoli commercianti occasionali. Con la crisi attuale, molte attività falliscono e devono liberarsi del magazzino. Potete entrare in gioco voi e guadagnare qualche migliaio di euro in pochi mesi, magari aprendo un negozio in ebay per richiuderlo una volta finita la merce.

www.subito.it

subito.it è il classico sito di annunci, completamente gratuito. Ricordatevi di cercare le informazioni e i prodotti che desiderate, anche sui siti di annunci.

www.testfreaks.it

Se dovete acquistare una macchina fotografica, un notebook, una telecamera, un cellulare ecc. questo tipo di siti esamina ogni prodotto e gli da un voto, nonché varie recensioni di utenti e tecnici. Se siete indecisi sul modello, non potete fare a meno di consultarlo.

www.tripadvisor.it

La voce della verità. Grazie ai siti che recensiscono alberghi, villaggi, agriturismo ecc. potete stare tranquilli di non trovare sorprese una volta giunti nel luogo di vacanza. Le recensioni infatti, le scrivono i viaggiatori stessi che sono stati sul posto. Nelle brochure delle agenzie di viaggio infatti, non si elencano di certo i difetti delle località, ma solo i pregi. I difetti saranno gli utenti stessi del sito ad elencarli, con tanto di foto. Un voto espresso in percentuale, servirà poi a farvi rendere velocemente un'idea.

www.youtube.it

Molto più utile di quello che pensate. Youtube, oltre ad essere un sito dove potete vedere un coreano che balla come un imbecille, offre molti altri filmati impensabili. Recentemente dovevo capire come imballare un cesto natalizio, su youtube ho trovato un filmato che mostrava come farlo. Ci sono tantissime guide sul *how to,* come fare cosa. Trovai un filmato che mi spiegava come sostituire lo schermo del notebook rotto, facendomi risparmiare almeno 50-100 euro. L'utilità è quindi e soprattutto anche economica. Prima di contattare un tecnico per fare qualcosa, cercate un filmato, molto probabilmente lo troverete.

Decrescita felice

Per molto tempo abbiamo pensato di cambiare radicalmente stile di vita. Il fine ultimo di ognuno di noi, non è avere molti soldi, una bella macchina e una casa enorme. Il punto d'arrivo è essere felici. Dedichiamo gran parte della nostra vita al lavoro, talmente tante ore che ne abbiamo dimenticato il motivo. Perché lavoriamo? Esistono molti paradossi, alcuni al limite dell'ironia. Prendiamo un caso verosimile, quello di una donna con un figlio di due anni. Non ha un buon lavoro, diciamo 800 euro al mese per 8 ore al giorno. Dove lascia il figlio quando va a lavorare? Supponiamo che non abbia nonni o simili, dovrà lasciarlo ad un nido, poiché lavora, il figlio non è stato preso in un nido comunale, pertanto, è stata costretta a pagarne uno privato. Costo: 400 euro mensili. Aggiungiamo 100 euro di carburante e altrettanti per mangiare durante la pausa pranzo e magari qualche caffè. Aggiungiamoci altri 100 euro per le rate dell'auto che ha acquistato per andare a lavorare, arriviamo a 700 euro. In pratica la nostra mamma lavora 8 ore al giorni per guadagnare 100 euro al mese. 100 euro al mese per far crescere a qualcun altro il proprio figlio, 100 euro al mese per stressarsi in un ufficio sottopagata. Ecco il paradosso: *pagare per lavorare. Dare per farsi togliere.* In un mondo basato sul denaro, si è persa la cognizione del benessere. Il discorso *decrescita felice* portato avanti da *Maurizio Pallante*, solitamente si applica ai grandi sistemi, potete trovare in internet molti video e alcuni libri. Al centro del discorso c'è la differenza tra *bene* e *merce*, non tutte le merci sono dei beni, i beni sono indispensabili, le merci no. L'aspetto che qui ci interessa sapere è che dobbiamo cercare di uscire dal circolo masochista del consumismo fine a se stesso. Per alcuni questo significa tornare al medioevo, per me significa andare al ventiduesimo secolo. Più che cercare di guadagnare più soldi, dovremo cercare di spenderne meno, fino ad arrivare a non spendere nulla. Il mio amico emigrato in Nuova Zelanda, mi racconta di come molte persone non lavorino se non saltuariamente, quanto basta per poter comprare un po' di carburante. Tutto ciò di cui hanno bisogno, lo producono da se o lo barattano. In Italia, ma anche nella maggior parte dei paesi occidentali, il grosso delle uscite si hanno per l'alimentazione, la casa e i trasporti. Considerate che per casa si intende mutuo o affitto. Nel grafico sottostante potete vedere la divisione percentuale dei consumi del 2011 secondo i dati ISTAT. Da notare come le tre voci principali occupino il 62% delle uscite. Sono tre voci che possiamo se non eliminare, ridurre sensibilmente.

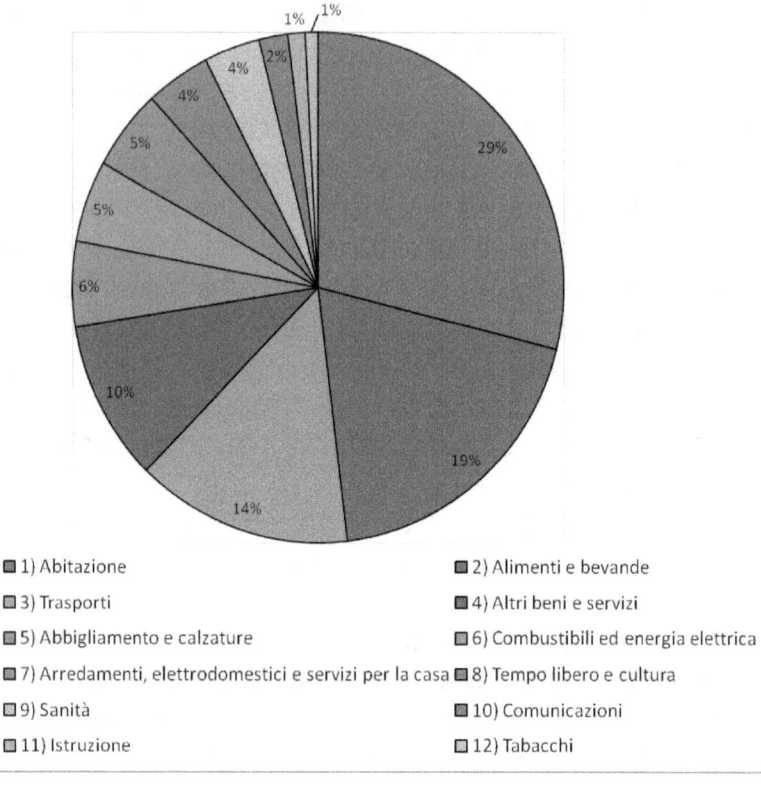

- ◼ 1) Abitazione
- ◼ 3) Trasporti
- ◼ 5) Abbigliamento e calzature
- ◼ 7) Arredamenti, elettrodomestici e servizi per la casa
- ◼ 9) Sanità
- ◼ 11) Istruzione
- ◼ 2) Alimenti e bevande
- ◼ 4) Altri beni e servizi
- ◼ 6) Combustibili ed energia elettrica
- ◼ 8) Tempo libero e cultura
- ◼ 10) Comunicazioni
- ◼ 12) Tabacchi

Come facciamo a ridurre i consumi? Non è facile, o meglio, sarebbe facile se avessimo il coraggio e la convenienza a cambiare radicalmente tipo di vita. Supponiamo che le nostre entrate mensili siano di 1000 euro, le percentuali del grafico a torta diventano euro, 29% diventano 290 euro, 19% 190 euro e così via. Proviamo ad analizzare un punto alla volta e vediamo a quanto arriviamo:

1. Abitazione: fondamentalmente non dovete vivere in città. A parità di metratura le case in città costano troppo e non offrono nessuna forma di auto sussistenza. Quello che vi serve

è una bettola in campagna con un discreto terreno. In questo modo eviterete di prendervi il famoso mutuo trentennale che vi accompagnerà alla tomba. Potete pagare la favolosa bettola tra i 50 e i 100 mila euro, tutti noi siamo diversi, per cui non posso fare dei calcoli. E' chiaro però, che se non avete ne un lavoro, ne un solo euro da parte, anche il discorso bettola non è fattibile. Prendiamo quindi il caso in cui avete questo denaro e che siete intenzionati ad acquistare la casa. Il problema è che come abbiamo detto precedentemente, non è facile vivere fuori città, il motivo principale è che gli uffici si trovano dentro le città e che non si possono percorrere 100 Km al giorno, magari nel traffico, per lavorare. A questo punto, o cambiate lavoro, o chiedete di poter lavorare da casa o smettete di lavorare. Il discorso si complica, si può smettere di lavorare? Risponderò alla fine dei 12 punti. Per ora ci interessa sapere che, annullando il mutuo e l'affitto, il costo della casa scende a 0 euro (escludendo l'IMU e la nettezza urbana).

2. Alimenti e bevande

Poiché siamo andati a vivere in campagna, mangeremo solo quello che produciamo o giù di li. Vi servirà un ettaro di terreno circa, con alberi da frutta e un orto. Gli animali non li mangerete, la carne fa male. La pasta e altre cose che non potete produrvi perché troppo complicato, potete averle barattando il tantissimo surplus che avrete. Molta della vostra produzione la rivenderete. Da bere dovrete rinunciare alla coca cola e simili, non sarà una grande perdita, anche queste fanno male. Molte bibite oltretutto sane, potrete produrle da voi. Un pozzo vi fornirà l'acqua. È chiaro che dovremo cambiare le nostre abitudini alimentari, ma le cambieremo in meglio. A questo punto oserei dire che dai 190 euro di spesa mensili, non solo arriviamo a 0 ma andiamo anche in positivo, considerando che siamo diventati piccolo coltivatori.

3. Trasporti

   Poiché siamo andati a vivere in campagna, non dovremo spostarci più di tanto. terrete la vostra auto parcheggiata da qualche parte. Purtroppo dovrete continuare a pagare assicurazione e bollo, ma il grosso della spesa, costituito dal carburante, sarà ridotto sensibilmente. Teoricamente, potreste rinunciare anche all'automobile, per spostarvi solamente in bicicletta e/o con i mezzi pubblici. Dipende da quanto avete intenzione di spostarvi. Vi ricordo, che gli spostamenti quotidiani si hanno solamente per il lavoro. possiamo dire che dai 140 euro scendiamo 30 o 40.

4. Altri beni e servizi

   Questa è una parte soggettiva, dipende che chi siamo e da quali sono i nostri interessi. Dobbiamo essere in grado di capire quali sono i beni e i servizi che ci servono realmente. Una palestra costa circa 400 euro l'anno, ma possiamo rinunciarvi, potete fare tanti sport all'aperto che non necessitano di attrezzi particolari. L'abbonamento a sky una trentina di euro al mese, ma come abbiamo visto possiamo rinunciarvi. Dovete fare tutto entro un certo limite. Rinunciare non deve essere una sofferenza. Dobbiamo valutare cosa è meglio per noi, tirare le somme. Facciamo un esempio stupido. Ci piace la cioccolata, il governo decide di tassare la cioccolata del 1000% ora una tavoletta invece di costare 1 euro, costa 1000 euro. In pratica dovete lavorare un mese per poter mangiare un centinaio di grammi di cioccolata. Desiderate ancora acquistarla? O potete rinunciarvi? Diciamo che la spesa mensile potrebbe arrivare ad una quindicina di euro, ma ripeto, siamo nel campo del personale e soggettivo.

5. Abbigliamento e calzature

Anche questo punto dipende dal vostro livello di desiderio. Teoricamente potremo vivere con tre paia di mutante, tre magliette, due camicie, due maglioni, due pantaloni, due paia di calzini, un paio di scarpe e una giacca pesante. Nella pratica non ci piace andare in giro vestiti sempre nello stesso modo e con abiti consumati. Non è quindi questa la soluzione per risparmia sull'abbigliamento. quello che dobbiamo fare, è non esagerare, evitare di acquistare continuamente cose nuove ma soprattutto, dobbiamo rivolgerci ai mercati paralleli. Credo che l'abbigliamento sia una delle voci più facilmente ridimensionabili, non a casa ho dedicato un capitolo all'argomento. Facciamo 5 euro al mese.

6. Combustibili ed energia elettrica

    Riferito sempre alla casa, entrano in gioco le nuove tecnologie. Fotovoltaico, geotermico, eolico, in questo momento esistono molti sistemi per rendere la propria casa non solo indipendente energeticamente, ma anche una fonte di reddito. In particolare il fotovoltaico è sempre più usato, ovviamente parliamo di tutte quelle abitazioni che sono dotate di un tetto sufficientemente grande. Se vivete in un palazzo di 7 piani, con 4 appartamenti a piano, dubito che qualche pannello sul tetto possa servire a qualcosa. Il discorso cambia radicalmente per quanto riguarda la nostra bettola. Il suo tetto è sufficiente per poter installare almeno 4Kw, energia che, secondo i calcoli attuali, permette un guadagno di 4000 euro l'anno dopo i primi 5 anni. L'impianto costa circa 20000 euro, ma essendo voi stessi produttori di energia, avete la possibilità di metterla in rete e guadagnare rivendendola. Il vostro contatore elettrico girerà al contrario. Non so se sono calcoli ottimistici, purtroppo non ho mai conosciuto nessuno con un impianto fotovoltaico, ma ho letto molte testimonianze, e mi guardo spesso attorno. Quello che ho visto, è che sempre più persone fanno questa scelta, e se la fanno, non è di certo per una questione ambientalista. Anche in questo caso quindi, la nostre spese non solo si annulleranno ma ne guadagneremo.

7. Arredamento, elettrodomestici e servizi per la casa

    In questo caso stiamo parlando di beni durevoli nel tempo. Non cambierete camera da letto tutti i giorni, il vostro frigorifero si spera durerà almeno 10 anni. Siamo ormai usciti dalle spese grosse. Vi ricordo che le spese grosse sono quelle costanti nel tempo, quelle quotidiane, mutuo, cibo e trasporti. Potete risparmiare qualcosa anche in questo caso, ma suppongo possiate concedervi qualche "lusso". Non ci sarà bisogno di acquistare un vecchio letto con delle molle rotte, potrete spendere quello che serve per un normalissimo letto di vostro gradimento. I nostri 50 euro di spesa mensile rimarranno più o meno inalterati.

8. Tempo libero e cultura

    Se siete abituati ad andare a tutte le mostre della vostra città, non posso dirvi di cambiare quest'ottima abitudine. Potete rinunciare alla coca cola ma non a vedere un buon film al cinema. Questo capitolo non ha l'obiettivo di farvi diventare degli anacoreti. Ogni cosa va ponderata in modo tale da farvi risparmiare quel denaro che esce dalle vostre tasche senza rientrare in nessun altra forma. Ricordatevi che il nostro fine ultimi è essere felici, rilassati, con molto tempo libero, soddisfatti della nostra giornata e non avere stress. Anche in questo caso la spesa mensile rimarrà invariata.

9. Sanità

Campo delicato. Se state male dovete curarvi. Di certo se avete l'abitudine di imbottirvi di medicinali, prendere aspirine per ogni piccolo mal di testa, è arrivato il momento di cambiare questa abitudine. Considerate che la causa principale di ogni malattia nei paesi occidentali è lo stress, e che la causa principale che conduce allo stress è una vita malsana. Considerate anche che per ora, gli ospedali sono ancora gratuiti. Il punto sanità è quindi una voce facilmente gestibile anche per un nullatenente.

10. Comunicazioni

Non potete rinunciare ad internet o al telefono cellulare. C'é poco da risparmiare anche in questo caso. guardatevi attorno sugli operatori telefonici e scegliete quello che vi offre il miglior prezzo. Per internet non avete bisogno di una banda troppo alta, vanno bene anche pochi MB, scegliete quella più economica. Dotatevi di skype e per i cellulari fate contratti a consumo. So che non vi sto dicendo nulla di nuovo, ma non credo che qualcuno vi farà mai parlare al telefono gratis.

11. Istruzioni

Spese obbligatorie. Questo è un campo che può diventare pesante per chi ha figli, soprattutto all'università. Potete acquistare dei

libri usati, qualcosa si risparmia, ma una retta scolastica non può essere pagata di seconda mano. È una voce che ci fa capire come non si può completamente uscire dal sistema.
12. Tabacchi
Smettete di fumare. È più semplice di quello che credete.

A questo punto abbiamo ridotto le nostre spese mensili da mille euro ad un centinaio forse meno. Non è possibile fare delle statistiche precise, troppe sono le varianti. Soprattutto per chi ha figli, non si può assolutamente vivere senza denaro. Un giocattolo glielo comprerete di tanto in tanto? o pensate di costruirli tutti da soli? Vi serviranno comunque gli strumenti da lavoro, costruirete da soli anche quelli? Forse si può vivere senza denaro se non c'è nessuno che dipende da noi, ma anche su questo ho dei forti dubbi. L'IMU e la nettezza urbana come la paghiamo? E se ci si rompe il laccio di una scarpa? Rimangono comunque troppe spese, occasionali o anche quotidiane. D'altra parte l'obiettivo di questo libro non è vivere senza denaro, ma risparmiare guadagnando.

Il fulcro è quindi il lavoro, tutto ruota intorno al lavoro. Alla domanda posta all'inizio di questo capitolo, si può smettere di lavorare? Rispondo di no. Ci sono persone che hanno fatto questa scelta, non hanno una casa e passano tutta la vita a girare per il mondo facendo l'autostop e facendosi ospitare dove capita. In cambio di vitto e alloggio, cucinano, lavano e fanno qualche lavoretto. È una scelta di vita. Non mi piace. *Heidemarie Schwermer* è una signora tedesca che vive senza denaro, potete trovare dei video su youtube. All'apparenza sembra una grande liberazione, forse a qualche lettore piacerà anche l'idea, personalmente adoro giocare a *Civilization* sul mio PC, questo significa che ho bisogno di tutte quelle cose che *Heidemarie* non ha. Arrivare a scegliere come organizzare la nostra vita, è un buon punto di partenza per realizzarci. Troppo spesso subiamo l'organizzazione del nostro tempo e del nostro denaro, subiamo in silenzio senza neanche provare a cambiare le cose. *Heidemarie* non è in errore, a patto che sia felice della sua scelta, l'importante è scegliere ed essere coscienti che la scelta ci appartiene. Alla domanda: se avessi 10 milioni di euro, continueresti a lavorare? Molti rispondono di si. Mia cognata ha dichiarato: "senza lavoro non saprei cosa fare". Il punto è, se siete dei neurochirurghi che lavorano nel pronto soccorso di un grande città, allora posso capire che il vostro lavoro è più un missione che non una fonte di sostentamento. Mia cognata non è un neurochirurgo. Banalmente vi ricordo una frase d'effetto: "si può lavorare per vivere, ma non vivere per lavorare" andava ricordata. Torniamo a noi. Che cosa dobbiamo fare quindi? Possiamo avviare la nostra personale decrescita felice? Certo. Concentratevi sui primi tre punti, una volta ridotti o annullati, vi sentirete i più ricchi del mondo. Attenzione però al tredicesimo punto, si tratta di una spesa mascherata da guadagno: il lavoro. Il lavoro infatti, è vero che produce denaro, ma brucia anche il tempo. Noi sappiamo che tempo e denaro sono interconnessi, e che è inutile avere tanto denaro e neanche un minuto libero. Dovreste fare un proporzione tra le ore che intendete lavorare, e il guadagno sia in denaro, sia in ore libere. I neozelandesi conosciuti dal mio amico emigrante, lavoravano poco, ma lavoravano, fanno dei lavoretti manuali di tanto in tanto. Celebre è anche il caso di un ingegnere che ha "rapito" i suoi figli, portandoli via dalla madre. Ha vissuto con i suoi figli per circa quindici anni prima di essere scoperto. Era andato a vivere in una casa nel bosco o qualcosa del genere. La casa non era però un vecchio rudere diroccato, ma una baita dotata di fotovoltaico e altre tecnologie, l'uomo, l'aveva costruita da solo. Essendo ricercato dalla legge per rapimento, non poteva avere un lavoro fisso, si manteneva quindi facendo dei lavori occasionali in città. I figli non erano andati a scuola, li aveva istruiti lui, quando sono stati ritrovati, erano molto più colti dei loro coetanei. Non hanno mai subito la fame, erano ben vestiti educati ecc. Insomma, apparentemente erano felici. Un mio amico amante dei viaggi, mi racconta di incontrare spesso altri viaggiatori come lui. Più che altro giovani che lavorano per uno o due anni, mettono da parte un po' di soldi, si licenziano, iniziano a girare per il mondo per altrettanti anni e, quando finiscono i soldi, tornano nel loro paese e cercano un altro lavoro. Lavorano solo per mettere da parte i soldi che gli servono per i lunghi viaggi. È anche vero che in Italia licenziarsi da un lavoro sicuro, è come un sacrilegio. Vi racconto queste storie per farvi capire che non esiste un solo approccio alla vita. Viviamo incatenati in una logica spesso dannosa, ma che, per il fatto stesso di essere una logica, sembra essere l'unica possibile.

Il discorso decrescita felice è molto vasto. Il mio desiderio è che la gente lo prenda come spunto per cambiare le proprie abitudini. Sempre più persone cambiano i propri schemi, sempre più persone cambiano vita. Gli occupati nel settore agricolo negli ultimi due anni è cresciuto del 10%, significa che sempre più persone si sono trasferite fuori le città. Nel dopo guerra le campagne si sono svuotate a favore delle città, ora c'è un ritorno. La differenza rispetto ai decenni passati, è che la casa in campagna di oggi non è quella degli anni cinquanta. Un tempo si rischiava di rimanere isolati dal mondo, oggi, grazie allo sviluppo dei trasporti, delle comunicazioni e dell'energia, una casa fuori città non è più tagliata fuori dal mondo, tutt'altro. I nostri nonni si sono trasferiti nelle città per tutta una serie di convenienza, ora queste convenienze non ci sono più. Il lavoro non c'é, i costi delle case sono alti, il costo della vita è alto, gli spazi stretti.

Conclusioni

Il succo di quanto scritto in questo testo, è che dovete avere una visione più ambia delle vostre scelte. Non limitarsi alla scelta A o B ma A1.34 A3.e1 C:3 F678. Non sono impazzito, voglio farvi capire che se imparate e vedere le cose da altre angolazioni, se imparate ad uscire dagli schemi, allora uscirete da quella sofferenza collegata al denaro. Smettetela di mettervi incolonnati a tutte le altre macchine. Mi è capitato spesso, di trovare delle macchine in attesa del verde di un semaforo, e di potermi mettere davanti a tutte, al fianco della prima. A volte, nonostante la strada abbia due corsie, si tende, una volta arrivati davanti un semaforo, a rimanere tutti incolonnati usando una sola corsia. Supero sette, otto, nove o anche dieci automobili con la sensazione di essere il furbetto del momento, nonostante non stia facendo nulla di disonesto. L'uomo moderno ha preso la pessima abitudine di allinearsi agli altri, senza capire cosa si voglia esattamente. Vedere delle auto incolonnate e una corsia completamente libera, ci porta a metterci insieme agli altri. Si tende a non pensare a quello che si sta facendo. "se lo fanno gli altri, allora lo devo fare anche io". Sbagliato. Se lo fanno gli altri, allora bisogna chiedersi perché lo fanno, perché nessuno sta usando la corsia libera? C'è un motivo? Un motivo valido? Il più delle volte non c'è nessun motivo, solamente un patetico senso di allineamento mentale. Non è un caso se ci vestiamo tutti nello stesso modo. Non è un caso se quando vediamo qualcuno con 300 piercing, lo guardiamo come un alieno. La tendenza ad essere tutti uguali finirà con l'estinguere la razza umana. Spesso il pregiudizio è talmente forte dentro di noi, che non abbiamo nessun dubbio sul nostro pensiero. Il dubbio non deve ucciderci, ma aiutarci a crescere. Il dubbio serve a creare quel conflitto dentro noi stessi, che smuove le nostre idee evolvendole. Evolversi significa vivere meglio. Iniziate quindi dal vostro denaro, scoprirete un mondo completamente nuovo.

www.ingramcontent.com/pod-product-compliance
Lightning Source LLC
Chambersburg PA
CBHW060854170526
45158CB00001B/357